www.tredition.de

AF186014

Sabine Kulinski

Glaube – nein danke!?

Sei wieder Christ, verdammt noch mal!

www.tredition.de

© 2012 Autor: Sabine Kulinski

Umschlaggestaltung: Sabine Kulinski
Lektorat, Korrektorat: Birgit Bobe

Verlag: tredition GmbH, Hamburg
ISBN: 978-3-8491-1722-1
Printed in Germany

Inhaltsverzeichnis

"Für Wunder muss man beten,
für Veränderungen aber arbeiten."

(Thomas von Aquin)

Einleitung

Was macht es heute so schwierig – oder sollte ich sagen, „so uncool" – zu glauben?

Ich meine nicht: Glaube ich, was mir der Nachbar erzählt oder die Politiker (schallendes Gelächter an dieser Stelle!), sondern den Glauben an Gott – also die Sache mit der Kirche.

Haben nicht viele den Eindruck, dass die Kirche eine Art Verein ist, in dem man zwar gern gesehen ist, aber bitte mit dem Strom schwimmen soll und unangenehme Fragen nicht erwünscht sind? Hat man dort nicht das Gefühl, dass ein unkonventioneller Lebensstil geradewegs in die Verdammnis führen müsse?

Kennen Sie jemanden, der regelmäßig zur Kirche geht und Ihnen daher ein bisschen „sonderbar" vorkommt?

Als ich in ein Alter kam, wo im schulischen Alltag soziale Interaktionen mit dem anderen Geschlecht immer mehr an Bedeutung gewannen, gab es einige wenige in meinem Jahrgang, die sich selbst als Christen bezeichneten und regelmäßig die Kirche besuchten.

Aber wissen Sie was? Keinen von denen traf man nach der Schule hinter der Turnhalle, um sich an den ersten Glimmstängeln auszuprobieren oder die ersten missratenen Küsse auszutauschen. Also alles, was in meinem Leben immer wichtiger wurde, schien tabu für die Spezies „Junger Christ"!

Die Interpretation der Bibel und die Herausforderungen, die das „richtige Leben" bereithält, scheinen einem manchmal unvereinbar!

Oder haben wir unseren Glauben eingestellt, weil wir ihn nicht mehr brauchen? Passt er nicht mehr in unsere moderne „Wertegesellschaft"?

Werte.. – Ja, heißt es heute nicht sogar, dass unsere Gesellschaft, also wir alle, an einer „Werteverschiebung" leiden? Und wir nicht mehr wissen, was für Werte überhaupt noch etwas wert sind, und wenn ja, wie viel?

Und kann man sich nicht einfach dagegen impfen lassen?

Nein, einmal im Ernst, wann waren Sie zuletzt in der Kirche?

Zu Weihnachten? Der so genannte Alibibesuch? Man weiß ja nicht, ob der liebe Gott doch eine Strichliste führt und man am Jüngsten Tag Rede und Antwort stehen muss…

„Also aus beruflichen Gründen konnte ich nicht so häufig in die Kirche gehen, aber zu Weihnachten war ich immer da!"

Oder gehören Sie zu jenen Weihnachtsbesuchern, die um diese Jahreszeit ein Gefühl von Leere verspüren und auf der Suche nach dem geeigneten Füllstoff der Weg in die Kirche führt?

Und wie lange können Sie sich so im Schnitt auf eine Predigt konzentrieren?

Fangen Sie nicht auch nach kurzer Zeit an, ihren Terminplan für den nächsten Tag noch mal durch zugehen, damit Sie auch ja kein Meeting versäu men? Oder aber Sie müssen dem Einkaufszettel für morgen noch einiges hinzu fügen. Man möchte doch nicht ein zweites Mal in den Laden, ist ja immer so voll!

„Was hat er gerade gesagt? – Ach ja: AMEN!"

Predigten können schon recht langweilig sein, es ist auch nicht immer leicht, sich auf die Inhalte zu konzentrieren. Hat das alles ja auch eigentlich we nig mit dem eigenen Leben zu tun!

Und wann haben Sie in der Kirche das letzte Mal herzhaft gelacht?

Ist Lachen in deutschen Kirchen überhaupt zulässig oder gar erwünscht? Schließlich ist der Glaube doch eine ernste Angelegenheit! Lachen gehört aber doch genauso zum Leben, wie alles andere auch. Sollten Kirchen nicht mal ihren Gottesdienst humorvoll gestalten?

Ist es nicht viel schöner, Gott mit offenem Herzen und einem Lächeln auf den Lippen zu begegnen? Wie soll man denn den Eindruck gewinnen, dass es Spaß macht, Christ zu sein?

Wenn der Glaube so eine bierernste Angelegenheit ist, wie kann man dann heute überhaupt noch die Bibel als Anleitung für das Leben sehen?

Mal ganz abgesehen davon, dass es schwierig wird, wenn die Bibel sich gegen wissenschaftliche Erkenntnisse behaupten muss.

Das Wort „Spaßgesellschaft" ist heute sehr geläufig, drückt es doch aus, dass wir angeblich nur noch den amüsanten Teil des Lebens genießen wollen, ohne uns mit der ernsten Seite belasten zu wollen. Nun, wenn der Spaß um die Kirchen einen Bogen macht, warum wundern sie sich dann über schwindende Mitgliederzahlen?

Es gibt auch immer mehr Menschen, die ihr Heil in einer anderen Religion suchen, als der, die auf ihrer Steuerkarte steht.

Viele entscheiden sich für den Buddhismus – wenn er denn gerade im Angebot ist. Sehen die meisten doch in ihm eine Religion des Friedens und eine durch gesunden Menschenverstand geschaffene Ideologie. Also nichts mit Erscheinungen und Engeln...

Hier wird das ganze Mysterium der Märchenwelt, das uns moderne Menschen ja so an der Bibel stört, reduziert auf die rationale Lehre eines Mannes – nämlich Buddha, dessen Lehre aus Gesprächen, die er mit weisen Männern führte, hervorging.

Die westlichen Kirchen haben große Schwierigkeiten den Buddhismus als Religion zu akzeptieren, gerade weil er nicht durch Gottes Einfluss, also „Gottes Wort" entstand.

Ich frage Sie, lieber Leser, wer aber trieb Buddha an, sich Antworten auf seine Fragen zu suchen, wenn nicht Gott?

Sie werden später noch erkennen, dass es in diesem Verhalten Übereinstimmungen zwischen Buddha und Jesus gibt.

In seinem Buch „Das Herz aller Religionen ist eins – Die Lehre Jesu aus buddhistischer Sicht" beschreibt der Dalai Lama viele Übereinstimmungen zwischen dem Neuen Testament und der Lehre Buddhas.

Vielleicht ist es gar nicht nötig sich einer anderen Religion zu bedienen, wenn man sich erst einmal intensiv mit der eigenen beschäftigt!

Beispiel des täglichen Lebens

Um uns die Herausforderungen des christlichen Lebens im Alltag vor Augen zu führen, habe ich mal eine Situation des täglichen Lebens wahllos herausgegriffen:

Kennen Sie die folgenden Worte aus der Bibel?

„Widersteht nicht dem Bösen, sondern wer irgend dich auf deine rechte Wange schlägt, dem halte auch die andere hin." (Matthäus 5.39)

Heißt das jetzt, dass ich mir jede Anmaßung gefallen lassen muss, ohne mich wehren zu dürfen?

Bin ich als Christ dazu verdonnert, mich mobben zu lassen und auch noch diesen Miesling zu lieben?

Wie soll das denn gehen?

Was machen Sie, wenn ein hinterhältiger Kollege bei einer Teamsitzung ihre gemeinsame Arbeit als seinen alleinigen Geistesblitz verkauft, dadurch eine bessere Position in Aussicht gestellt bekommt und am Wochenende mit dem Boss Golf spielen darf?

Wie würden Sie ihm als ehrlicher Christ begegnen?

Sagen Sie: "Lass mich der erste sein, der dir zu deinem Erfolg gratulieren darf", und dass aus vollem, reinem, christlichem Herzen?

Innerlich würde es Sie doch wohl zerreißen, und Ihr Kollege, dieser Judas, wird sich überhaupt nicht beeindrucken lassen, hat er doch erreicht was er wollte.

Dass diese Aktion nicht gerade seinen Weg in den Himmel ebnet, interessiert ihn genauso wenig.

Leider gibt es solche Leute zuhauf, sie leiden nicht an „Werteverschiebung", sie kennen ihre Werte genau: Geld, Erfolg und Ansehen! Und später ab einem gewissen Alter dann das Cabrio – Sie wissen was ich meine!

Also nach der Bibel müsste ich jetzt diese miese Behandlung stillschweigend ertragen und dasselbe gegebenenfalls noch mal mit mir machen lassen?

Und hätte es denn dann ein Ende? Denn mehr als zwei Wangen hat der Mensch ja nun mal nicht, oder geht das Spiel dann wieder von vorn los?

Ich glaube, dass Christen ganz schön was einzustecken haben – das geht wohl nur mit „Hornhaut" auf den Wangen!

Haben die Leute, die die Bibel verfasst haben, denn überhaupt solche Situationen berücksichtigt? Haben die denn geglaubt, dass sich alle Menschen per se gern haben, und nicht aufeinander rumhacken werden?

Wie würden Sie sich in so einem Fall verhalten? Was würde es für Sie bedeuten, sich von Ihrem inzwischen nicht mehr sehr beliebten Kollegen so eine Ohrfeige einzufangen?

Verschafft es Ihnen Genugtuung, dass Sie ja der bessere Mensch sind und so etwas nie tun würden? Beweisen Sie unter Umständen nicht sogar Stärke, sich nicht mit dem Schurken auf eine Stufe zu stellen? Oder fühlen Sie sich eher betrogen und hilflos? Sind Sie wütend und sinnen auf Rache? Das alles wäre verständlich und – menschlich.

Unter christlichem Verhalten verstehen wir hier, dem anderen zu verzeihen und durch eigenes kluges Handeln eine Veränderung der eigenen Einstellung herbeizuführen. Aber „christlich" bedeutet zugleich auch „menschlich".

So gesehen müssen Sie sich auch erstmal Abstand gönnen und tief durchatmen, bevor Sie vielleicht Gefahr laufen, diesem miesen Frettchen „den Hals umzudrehen" und sich dadurch nur in Schwierigkeiten bringen würden.

Eine bekannte "große Seele" der Geschichte, die sich auch wieder und wieder ohrfeigen ließ, war keine geringere als Mahatma Gandhi, der auf beispielhafte Weise passiven Widerstand leistete.

Seiner Ansicht nach verstärken wir durch die Kraft unserer Gedanken den Glauben an unsere Stärke. Wenn wir also absolut überzeugt sind, dass wir etwas verändern können, dann wird es geschehen.

Er bewies, dass demütig ertragene Schläge Gewalt brechen können dadurch, dass er daran glaubte!

Wenn also Gewalt immer wieder stumm ertragen wird – lässt sie uns dann resignieren und abstumpfen oder kann sie uns stärker machen?

Wenn Sie sich dafür entscheiden, Ihrem hinterlistigen Kollegen zu verzeihen und ihn für seine Schwächen eher zu bemitleiden, dann befinden Sie sich also in guter Gesellschaft!

Manchmal rächt sich ein Verhalten, das auf einer Lüge basiert, auch von allein.

Während sich nun der Kollege mit fremden Federn schmückt, um sich beliebt zu machen (bei einem Boss, den er überhaupt nicht ausstehen kann oder für einen Posten, der ihn eigentlich überfordert) – ist er sich dann überhaupt selbst noch treu? Ist er ein Mensch, mit dem man mehr Zeit verbringen möchte, als sich nur vielleicht auf ein oberflächliches Bierchen zu treffen?

Gehört er zu den Personen, die man in seinem näheren Umfeld finden möchte? Geht ihm nicht bald der Ruf voraus, dass er „über Leichen" geht, wenn es nur der eigenen Karriere dient?

Muss man, um beruflich weiterzukommen, seine Persönlichkeit zu Grabe tragen und sich verbiegen, ohne nachher selber noch zu wissen, ob man Männlein oder Weiblein ist?

Da, glaube ich, haben sich Werte schon ziemlich verschoben, oder?

Doch blicken wir noch ein bisschen tiefer in die Seele des „geschätzten" Kollegen.

Wie, glauben Sie, steht es da mit Beziehungen im Allgemeinen? Geschäftliche Beziehungen werden doch bestimmt danach bewertet, ob sie dem schnellen Aufstieg auf der Karriereleiter dienen; – Freundschaften dienen zur Selbstbestätigung (was ist man doch für ein toller Kerl!); – Liebesbeziehungen werden nur eingegangen, nachdem sichergestellt ist, dass die Dame allen Anforderungen gerecht wird, und einem nicht die Schau stiehlt. Hauptsache schön soll sie sein, möchte man sich doch mit ihr schmücken!

(Ich bitte Sie, mir an dieser Stelle nachzusehen, dass ich hier nur das „Alpha-Männchen-Verhalten" beschreibe; es gibt dieses Verhalten natürlich auch in umgekehrter Geschlechter-Rolle – danke für Ihr Verständnis!)

Festzustellen ist, dass Ihr Kollege also betrügen muss, da er selbst nicht das Know How hat, aus eigenem Vermögen und eigener Leistung die Aufmerksamkeit auf sich zu lenken. Und Sie, das arme Würstchen, fühlen sich als Sieger – sind Sie doch zumindest ein aufrechter Mensch geblieben. Zwei Dinge haben Sie gelernt: 1. – Ihr Kollege ist ein Arschloch, pardon, ein armer Sünder! Und 2. –

Sie sollten das nächste Mal schlauer bei der Wahl Ihres Partners sein!

Wir sind auf der Welt um zu lernen und auch, um nicht die gleichen Fehler immer und immer wieder zu machen! Das glaube ich zumindest. Und ich hoffe doch sehr, dass Sie das nächste Mal etwas vorsichtiger sein werden!

Wie wir feststellen konnten, verfügt Ihr Kollege über Schlitzohrigkeit, Durchsetzungsvermögen und ein gewisses Maß an Skrupellosigkeit.

Außerdem besitzt er das Gefühl des richtigen Timings.

Auf Ihrer Seite erkennen wir Naivität, Intelligenz und, wenn wir mit Gandhi vergleichen wollen, Großmut.

Welcher Weg letztendlich der erfolgreichere ist, wird sich zeigen.

Wenn man den Satz: „Die Letzten werden die Ersten sein." wörtlich nimmt, dann kann es ja durchaus sein, dass Ihr Chef nach einiger Zeit selbst feststellen wird, dass Ihr Kollege ein Blender ist, und er wird sogar vielleicht Ihnen den Posten anbieten. Dann möchte ich aber nicht in der Haut Ihres Kollegen stecken!

Ist es für uns heute schwieriger zu glauben, weil es unter Umständen mehr Zeit dauert, bis wir das Ergebnis unserer Gebete erfahren? Oder es uns nicht gelingt, den Abstand zu nehmen, den es braucht, damit wir auch andere Lösungsmöglichkeiten erkennen?

Fühlen wir uns lächerlich, wenn wir uns mit unserem Frust bei Gott ausheulen?

Hat sich auch der Wert der Zeit in unserer Gesellschaft verschoben?

Dass die Gesellschaft sich neu orientieren muss, das gab es schon immer. Denken Sie doch nur an die Zeit nach dem Zweiten Weltkrieg, als die Nachkriegsgeneration versuchte, die Werte für sich neu zu definieren – wollte man doch mit der Vergangenheit nichts mehr zu tun haben!

Auch christliche Werte verwarf man, galten sie doch als viel zu spießig. Zumal die Kirchen in Hitler-Deutschland auch keinen guten Ruf mehr besaßen

Somit waberte man orientierungslos umher und probierte viele Dinge aus, die aber letztlich auch nicht zu einer erfolgversprechenden Umorientierung einer ganzen Gesellschaft beitrugen. Wo sind also die Werte geblieben?

Sind sie vielleicht immer noch da, aber bedürfen sie einer neuen Formulierung?

Früher fanden wir Dinge schlicht und einfach „gut"! Heute begegnet uns dazu der Begriff „geil"! Das Wort wandelte sich, aber die Bedeutung war dieselbe.

Meine Kinder verwenden heute mehr und mehr Computersprache, der ich zumeist verständnislos gegenüberstehe, und dann versuche ich verzweifelt, das Gesagte mit der Mimik meiner Sprösslinge zu koordinieren, damit sich mir der Inhalt erschließen möge.

Welche Werte können wir unseren Kindern vermitteln, damit sie nicht orientierungslos herumirren in einer Welt, die ihnen alles andere als „wertvoll" erscheint?

Was können wir tun, damit wir Körper, Geist und Seele in Balance halten? Ohne diese Balance sind wir doch nur wie ein führungsloses, wankendes Boot in unruhigem Wasser, das richtungslos und verzweifelt versucht nicht unterzugehen.

Wenn der Steuermann für unsere Seele Gott ist, sollten wir dann nicht versuchen diesem unsichtbaren Wesen etwas näherzukommen?

Erste Gedanken zu Gott

Haben Sie früher nicht auch, als Sie noch faltenfrei und unwissend waren, abends ein Nachtgebet gesprochen: „Lieber Gott mach' mich fromm, dass ich in den Himmel komm', Amen!"?

Oder um die Weihnachtszeit nach dem Nachtgebet ein „P. S." mit der Wunschliste angehängt?

Verlieren wir mit der Pubertät neben der makellosen Haut auch den Glauben an Gott? Oder wann passiert es?

Glauben Sie an Gott, können aber mit der Institution Kirche nicht warm werden?

Warum wird das Thema Gott und Kirche auf der gleichen Kommunikationsebene geführt, wie z. B. die Themen Hämorrhoiden oder Fußpilz?

Wie oft hört man: „Ich habe kein Problem mit Gott, aber mit der Kirche habe ich nichts am Hut." Oder: „Ich wurde protestantisch erzogen." Oder auch: „Meine Eltern waren fromme Katholiken."
Manchmal möchten wir andere schon auch wissen lassen, dass bei uns noch nicht ganz Hopfen und Malz verloren ist.

Man lüftet einen Zipfel, aber nur soweit, dass man jederzeit einen Rückzieher machen kann, je nachdem wie die Reaktion des Gegenübers im entscheidenden Moment interpretiert wird: „Ich wuchs in einem christlichen Elternhaus auf."

Einleitungs- und Beobachtungsphase – keine Reaktion, in diesem Falle belässt man es bei der Einleitung, hat man doch schon genug von sich selbst preis gegeben! Negative Reaktion, dann schieben wir noch den uns entschuldigenden Nachsatz hinterher: „Aber ich kann mit dem ganzen Zirkus nichts anfangen"!

Warum ist es uns nur so peinlich zuzugeben, dass wir eine Art von spirituellem Hunger haben? Glauben wir, dass eine solche Ausrichtung uns zu „Warmduschern" abstempelt, oder glauben wir, dass wir die Erwartungen, die andere an uns haben, nicht erfüllen können – es vielleicht auch gar nicht wollen?

Was meint also der Satz: „Ich wurde protestantisch erzogen."? Ich kenne die Richtung, bin mir aber bewusst, dass ich im Gegenverkehr fahre?

 Ist es als Entschuldigung für unsere Unfehlbarkeit gemeint?

Wenn wir versuchen, das Rätsel zu entschlüsseln, dann ist die grundsätzliche Frage natürlich auch: „WER oder WAS ist Gott?"

Ist Gott Vater, Sohn und heiliger Geist? Wie kann er das sein? Ist Gott eine multiple Persönlichkeit?

Ist er ein richtender und/oder ein gerechter Gott?

Wenn es heißt, dass Gott durch mich lebt und wirkt, wo steckt er dann genau?

Warum heißt es, Gott ist Vater? Kann er nicht genauso gut Mutter sein? Als emanzipierte Frau hat man da so seine Schwierigkeiten.

Ich denke, dass Gott kein bestimmtes Geschlecht hat. Dass Gott ‚Vater‘ genannt wird, hängt auch mit dem Verständnis der Vaterrolle, wie man sie früher verstand, zusammen. Schutz, Weisheit und Größe durfte man von einem Vater erwarten.

Es wäre nicht möglich gewesen durch einen femininen Gott die gleiche Wirkung zu erzielen, unterstand die Frau in der Zeit doch immer noch dem Manne.

Und viele Frauen leben auch heute noch so!

„Gott ist die Liebe." Welche Liebe ist da gemeint? Die Liebe zu einer anderen Person oder die Nächstenliebe, und wie steht es mit der gleichgeschlechtlichen Liebe?

Ist die Interpretation der Kirche von Gott eine, die Gott vielleicht gar nicht gefällt?

Auf alle Fälle ist sie eine, die vielen Menschen nicht gefällt und sie sogar hindert einen Weg zu suchen, um sich die Nahrung für ihre unterernährte Seele zu beschaffen.

Um die Größe Gottes wirklich zu begreifen bedarf es, so glaube ich, entweder einer größeren Nutzung unserer Hirnkapazität oder aber unserer alleinigen Intuition. Setzen wir also lieber nur das Gefühl ein und nicht das Hirn?

Eine Erklärung von Gott, die ich sehr mag, stammt von Mahatma Gandhi: „Gott ist keine Person außerhalb von uns selbst oder entfernt vom Universum. Er durchdringt alles und ist genauso allwissend wie allmächtig. Er braucht keine Gebete oder Bitten. In allen Wesen immanent seiend, hört er alles und liest unsere innersten Gedanken. Er wohnt in unseren Herzen und ist uns näher als die Nägel auf unseren Fingern. Des Weiteren ist Gott auch keine Person. Er ist der alles durchdringende, wunderbar-kraftvolle Geist. Wer auch immer ihn in seinem Herzen hört, hat Zugriff auf eine wundervolle Kraft oder Energie – in ihren Auswirkungen vergleichbar physikalischen Kräften wie Dampf oder Elektrizität, jedoch subtiler."

Jetzt wissen wir zumindest, warum es heißt „Gott lebt in uns"!

Aber was ist der Glaube an Gott? Bedeutet der Glaube an Gott uneingeschränktes Vertrauen in seine Größe zu haben? Sich nicht aufzugeben, auch wenn es manchmal aussichtslos erscheint?
In einer hoffnungslosen Lage immer noch hoffen zu können?

Nach den Worten Mahatma Gandhis muss ich daran glauben, selbst in der Lage zu sein, eine positive Veränderung herbeiführen zu können. Meiner eigenen Stärke zu vertrauen!

Ist der Glaube an Gott der Glaube ans Leben?

An den immerwährenden Rhythmus einer ständig pulsierenden Dynamik?

Auf alle Fälle ist es ein Leben in Gemeinschaft – ein Miteinander!

„Denn wo zwei oder drei versammelt sind in meinem Namen, da bin ich mitten unter ihnen." (Matthäus 18.20)

Wir igeln uns heute viel zu sehr ein und teilen uns nicht mehr mit.

Es wird einem heute ja auch nicht leicht gemacht.

Wenn man Positives aus seinem Leben erzählt, dann wird es oft als „Angeben" verstanden – wenn man aber negative Dinge des Lebens mitteilt, fühlt sich der Andere sogleich unangenehm berührt.

Vielleicht fehlt es schon hier an einer normalen zwischenmenschlichen Basis, an der christlicher Nächstenliebe.

Um das Thema noch etwas besser begreifen zu können, dachte ich mir: Was liegt näher, als sich das Buch der Bücher, die Bibel, zu greifen und einfach mal darin zu lesen.

Ich kann Ihnen aber gleich sagen, dass es nicht von Erfolg gekrönt war, denn wenn ich unten auf der Seite ankam, wusste ich nicht mehr, was ich vorher gelesen hatte. Es wäre viel einfacher, wäre die Bibel wie ein Roman zu lesen – oder ein Kochbuch!

Das Beste ist, sich mit dem zu befassen, was ja jeder kennt, also jeder, der in einem christlichen Umfeld aufwuchs oder dem Konfirmandenunterricht beiwohnen durfte.

Wir sollten vielleicht mal da ‚nachhaken', wo alles begann, nämlich bei Adam und Eva!

Also: Wir befinden uns jetzt im Paradies oder auch im „Garten Eden":

Gedanken zu Adam und Eva

Adam und Eva sprangen da also nun nackt und ohne Scham herum und ließen alle fünfe gerade sein.

Gott war auch ganz zufrieden mit ihnen, waren sie ja relativ pflegeleicht und machten keinen Ärger.

Sie aßen sich satt an all den guten Früchten und labte sich an den Dingen, die Gott zur Verfügung stellte. Sie durften sich überall bedienen, nur nicht an dem einen Baum, dem Baum der Erkenntnis!

Warum wollte Gott nicht, dass Adam und Eva davon aßen? Wollte er, dass sie ein bisschen dusselig blieben, damit er sie besser unter Kontrolle halten konnte? Oder wollte er sie schützen, weil er dachte, dass die Wahrheit dessen, was um sie herum passieren würde, wie Atombomben, Epidemien und Volksmusik, einfach über ihre Kräfte gehen würde?

Nehmen wir weiter an, dass Eva eine kleine Plaudertasche war, die sich gern austauschte, jedoch Gott ihr unglücklicherweise nur Adam als männliches Gegenüber zur Verfügung gestellt hatte, von dem wir wiederum annehmen können, dass er als „Urvater" des männlichen Geschlechts das tat, was Männer heute noch gern tun, nämlich so zu tun, als ob sie schliefen, wenn ihre Frauen etwas mit ihnen zu besprechen haben!

Als Eva nun ein paar paradiesische Dinge mit Adam besprechen wollte, fand sie diesen schon auf dem nächtlichen Blätterlager.

Durch diesen von Adam vorgetäuschten Schlaf wurde Eva ja geradewegs in die „Arme" der Schlange getrieben!

(An dieser Stelle möchte ich darauf aufmerksam machen, dass die Schlange erst in dem Moment, als Gott sie für ihr vorlautes Mundwerk bestrafte, zu dem gemacht wurde, was sie heute ist.

„Verflucht sollst du sein wegen dieser Taten. Auf dem Bauch wirst du kriechen und Staub fressen dein Leben lang!" (Genesis 3.19)

Also niemand weiß eigentlich, wie die Schlange mal ausgesehen hat, bevor sie sich zu weit aus dem Fenster lehnte!

Aber zurück zur Geschichte!)

Eva suchte nun im Garten nach jemandem, mit dem sie sich austauschen konnte.

Da kam die Schlange ins Spiel. Drückte die sich doch da so herum, immer dicht am Baum der Erkenntnis, wartend auf jemandem, der ihr auf den Leim geht. Da nahte auch schon die besagte Eva, froh, endlich jemanden gefunden zu haben, der ihr ein Ohr lieh.

Schlange und Frau schütteten sich also gegenseitig das Herz aus, und Eva, endlich froh, sich mal alles von der Seele geredet zu haben, fasste immer tieferes Vertrauen zu der netten Schlange.

Da fing die listige Schlange mal so ganz beiläufig an, von den Früchten des Baumes der Erkenntnis zu plaudern. Nach dem Motto: "Die sehen aber lecker aus! Die sind viel größer, als die Früchte auf den anderen Bäumen."

Die listige Schlange machte Eva den Mund so richtig schön wässerig und langsam fing auch noch deren Magen an zu knurren. Das weiß ja jeder, dass eine Schlange hypnotische Fähigkeiten besitzt! Die Schlange zog wirklich alle Register!

Eva ließ sich aber nicht so leicht überzeugen, denn sie hatte ja viel zuviel Angst vor Gott, der ja verboten hatte überhaupt auch nur daran zu denken, so einen leckeren, süßen, frischen, saftigen und makellosen Apfel zu essen.

Dann fing die Schlange natürlich auch noch an, Gott ein bisschen schlecht zu machen, um Eva damit mehr auf ihre Seite zu ziehen.

‚Warum will Gott nicht, dass ihr von dem Baum esst? Will er alle Früchte für sich? Oder will er nicht, dass ihr wissend werdet?" (Kein Original Text, aber es könnte so gewesen sein…)

Wahrscheinlich hatte die Schlange auch noch erwähnt, was Adam für ein Langweiler ist – auf jeden Fall wissen wir aus der Überlieferung, Eva ist der Schlange dann ja auf den Leim gegangen und hat sich beschwatzen lassen einen Apfel zu essen.

Und der war wirklich lecker!

Sie rannte dann gleich zu Adam, der entgegen seiner Angewohnheit plötzlich hellwach war, als er hörte, woher Eva diesen Apfel hatte. Und Adam bekam dann aber richtig Manschetten, das kann ich Ihnen sagen.

Aber schließlich ließ er sich dann von Eva überzeugen, wenigstens mal vom Apfel abzubeißen. Frauen haben ja auch hypnotische Fähigkeiten!

Und, was soll ich Ihnen sagen, Adam futterte den ganzen Apfel auf.

Als der verputzt war, bemerkte Adam, dass Eva doch eine ziemliche Oberweite hatte, von der er nicht genau wusste, ob sie ihn freute oder beängstigte. Und Eva fielen plötzlich die Schwimmringe über Adams Hüften auf, die sie vorher gar nicht bemerkt hatte.

(Wenn jemand überhaupt von dem Sündenfall im Paradies profitieren kann, dann ist das mit ziemlicher Sicherheit die Schönheitsindustrie mit ihren Chirurgen!)

Weil Adam und Eva nun bemerkten, dass sie ein paar unschöne Pölsterchen hatten, suchten sie sich etwas, womit sie sich bedecken konnten und kreierten so das erste Fashion Design der Menschheitsgeschichte.

„Naturmode aus schadstoffarmen Rohstoffen zu erschwinglichen Preisen!"

Sie fingen langsam an sich zu fürchten, denn sie hatten ja etwas Verbotenes getan. Wie würde Gott darauf reagieren?

Als Gott am nächsten Tag mal einen Blick in den Garten warf, da fand er gar nicht, wonach er suchte. Adam und Eva waren nicht zu finden.

Erst beim genauen Hinschauen konnte er sie hinter dem Busch ausmachen.

Gott fragte warum sie sich versteckten. Da antworteten sie ihm, dass sie sich schämten, da sie ja nackt waren – und auch ein paar Pfund zuviel auf den Hüften hatten.

Gott wurde jetzt natürlich neugierig und wollte wissen, woher sie das wussten. Da fängt doch gleich Adam, der alte Warmduscher, an zu petzen und schiebt alles auf Eva.

Die will das so natürlich auch nicht auf sich sitzen lassen und schiebt dann alles auf die Schlange.

Die Schlange hat dann leider niemanden mehr, auf den sie es schieben kann und wird von Gott dann auch gleich bestraft. (Sie erinnern sich? Das mit dem Bauch rutschen und Staub schlucken!)

Dann ist Gott natürlich so richtig sauer, weil Adam und Eva sich nicht an seine Anweisungen gehalten haben und schickt sie ihre Sachen packen und schleunigst zu verschwinden.

Kündigungsfristen gab es im Paradies nicht!

Natürlich macht er dann auch Adam und Eva den Abgang noch schwer, da er ihnen keine gute Reise wünschte, sondern ihnen noch mit auf den Weg gab, dass Adam das tägliche Brot sauer verdienen muss, und Eva unter Schmerzen Kinder gebären wird.

Da haben wir den Salat! Und das alles nur wegen eines bisschen Vitamins C!

So war es und so ist es auch noch heute – nur, dass es heute Eva manchmal doppelt trifft!

Was wäre uns erspart geblieben!

Ich glaube, das Fazit dieser Geschichte ist, dass, wenn man verbotene Grenzen überschreitet, nicht nur Gutes daraus resultieren kann, sondern auch viele negative Dinge über einen hereinbrechen können. Und man sollte nicht auf andere hören, die vielleicht ein Interesse daran haben könnten, einen ins Unglück zu stürzen, um sich selbst Vorteile zu verschaffen.

Erkennen Sie da diese Schlange von Kollegen wieder, der sich mit Ihren Federn schmückte?

Somit hat die Geschichte also auch für unsere moderne Zeit durchaus ein paar Bezugspunkte!

Lassen Sie uns doch mal gemeinsam nach den Bezugspunkten zwischen den 10 Geboten und der Welt, in der wir leben suchen. Vielleicht sind wir ja überrascht, vielleicht aber auch nicht, wer weiß das schon!

Also probieren wir anhand der 10 Gebote zu erfahren, ob wir dort den Füllstoff finden, der den leeren Fleck in unserem Innern füllt.

Vielleicht finden wir so zu unseren Werten zurück, die sich ja so verschoben haben. Vielleicht bringen wir sie ja jetzt wieder in die richtige Lage.

Beginnen wir also gleich in der richtigen Reihenfolge, nämlich mit dem ersten Gebot!

Gedanken zu den zehn Geboten

Das Erste Gebot

„Ich bin der Herr Dein Gott. Du sollst keine anderen Götter haben neben mir."

Also das ist ja nicht so schwer. Andere Götter gibt es ja nicht in unserer westlichen Welt.

Keine Verehrung von Venus oder Thor oder Poseidon. An keinen von denen habe ich je ein Gebet geschickt, geschweige denn irgendetwas erbeten oder erhalten.

Das scheint mir ja ein einfaches Gebot zu sein. Vielleicht ein bisschen zu einfach. Als Leserin von Kriminalromanen bin ich es gewohnt, nie das Naheliegendste zu glauben, sondern immer im Dickicht zu suchen.

Vielleicht gibt es ja beim ersten Gebot auch eine „Leiche im Keller"!

„Ich bin der Herr Dein Gott" – das klingt so absolut. Das bedeutet ja: „Ich bin das Wichtigste in deinem Leben, lass dir bloß nicht einfallen etwas anderes für wichtiger zu halten!"

Was könnte mich in Konflikt mit dem ersten Gebot bringen? Die bedingungslose Liebe zu einem anderen Menschen? Das Streben nach Erfolg und Reichtum? Sind das Dinge, für die ich alles tun würde? Und wenn es sein müsste sogar die eigene Schwiegermutter verkaufen oder gar meine Seele?

Sind das die Dinge, die mein Hirn so vernebeln, dass ich Gott komplett aus den Augen verliere, und die mich vergessen lassen, dass ich mir inzwischen viele andere Götter geschaffen habe?

Die Message könnte man auch so verstehen, dass man sich nicht an weltlichen Dingen orientieren soll, denn diese haben nicht so Bestand, wie es der Glaube an Gott hat!

Das soll aber sicher nicht bedeuten, dass Sie von nun an unter der Brücke schlafen und sich von allem Luxus, der das Leben so rosig gestaltet, lossagen sollen.

Aber wenn Ihr Haus abbrennt und Sie Ihren Job verlieren (vielleicht, weil Sie eine Arbeit in einer Teamsitzung als Ihre ausgegeben haben, was nicht stimmte), was bleibt dann noch?

Den Glauben an Gott können Sie nicht verbrennen und Gott feuert Sie auch nicht – schließlich sind Sie ja seine Schöpfung.

Das Zweite Gebot

„Du sollst den Namen des Herren, deines Gottes, nicht missbrauchen."

„Ach Gott!" - Schon passiert! Wie oft wurde schon gesagt: „So wahr mir Gott helfe!" – und dann hatten wir den Salat und mussten ihn mindestens vier Jahre ertragen!

Oder: „Um Gottes Willen!" Den Satz hat man auch schon oft gehört.

Und denken Sie mal an die ganzen Glaubenskriege, die alle im Namen Gottes geführt wurden und werden.

Ja, da heißt es schon aufpassen und nicht einfach drauflos babbeln!

Vorsicht sollte auch geboten sein z. B. bei Aufenthalten im Süden Deutschlands.

Watet da nicht die ganze Bevölkerung Bayerns knöcheltief im Sumpf der Verdammnis mit ihrem „Grüß Gott"?

Was passiert denn, wenn wir Gottes Namen missbrauchen? Und was ist damit noch gemeint?

Heute ist ein großes Thema Scheckbetrug. Jemand missbraucht den Namen eines anderen und wird dadurch straffällig. Es ist natürlich jedem klar, dass, wenn ich „Gott" auf einen Scheck schreibe, gar nicht mehr zum Ausgang des Kreditinstitutes gelangen würde. Die Sicherheitskräfte würden mich noch am Schalter „Hops" nehmen!

Also sollten wir uns wohl auch vorsehen, Gottes Namen als Sicherheit für etwas anzugeben, dass einem selbst nur zum Vorteil dient, aber mit Gott und seiner „Guideline" nichts zu tun hat!

Das Dritte Gebot

„Du sollst den Feiertag heiligen."

Also nichts leichter als das! Ausschlafen und relaxen. Wenn das mal nicht heiligen ist, dann weiß ich auch nicht!

Aber was bedeutet heiligen? Verehren? Wie soll man das denn machen?

Soll ich etwa zur Kirche gehen? Hat die denn überhaupt auf, wenn nicht gerade Sonntag ist?

Was erwartet Gott denn von mir, was ich am Feiertag machen soll?

Vielleicht bedeutet auch Relaxen Kraft tanken und sich bewusst sein, wie schön es ist, einen Tag zu erleben, der anders ist als der Rest der Woche.

Mehr Zeit mit den Menschen verbringen können, die einem nahe stehen.

Ich musste früher immer an Sonn- und Feiertagen mit meinen Eltern spazieren gehen und anschließend sind wir zu meinen Großeltern zum Kaffeetrinken gefahren.

Ich fand das immer etwas langweilig, aber heute weiß ich, dass es für meine Großeltern ein tolles Ereignis war, wenn wir anrückten um uns durchzufuttern. Das war dann das Highlight ihres Tages.

(Um eines klarzustellen: Ich mochte meine Großeltern wirklich sehr gern!

Aber zwischen 8 und 14 Jahren entwickelt man halt andere Interessen!)

Einen Tag anders erleben, als wir ihn in der Woche erfahren. Uns an dem Tag wieder unserer Träume bewusst werden und die Prioritäten in unserem Leben wieder einmal zu hinterfragen.

Wie viel von uns selbst sind wir noch, wenn wir in der Woche dem alltäglichen Trott nachgeben und uns der Mechanik des Berufslebens überantworten?

Wenn wir an einem solchen Feiertag uns selbst wieder etwas näherkommen, dann glaube ich, ist er sinnvoll verbracht!

Das Vierte Gebot

„Du sollst deinen Vater und deine Mutter ehren."

Das kann schon mal eine Herausforderung sein. Vor allem, wenn man sich an seine Pubertät noch gut erinnert. Da kann ich mich noch entsinnen, dass ich mich manches Mal selbst zur Adoption habe freigeben wollen, und ich denke, meinen Eltern wäre es damals kurzzeitig sogar recht gewesen.

Allerdings wäre ich auch nicht auf der Welt, wenn es meine Eltern nicht gegeben hätte, wofür ich heute aufrichtig dankbar bin.

Ich kann mich noch erinnern, als ich so im Teenageralter war – lang ist's her –, da war es „in", seine Eltern als „die Alten" zu bezeichnen. Wenn man zum Beispiel über einen abendlichen Discothekenbesuch sprach, wurde gefragt, was „die Alten" dazu gesagt hätten, und meistens wollten „die Alten" dann, dass man früher wieder zuhause sein sollte, als man es eigentlich selbst im Sinn hatte.

An dieser Stelle will ich mich bestimmt nicht selbst beweihräuchern, aber ich hatte immer ein schlechtes Gewissen, von meinen Eltern als „den Alten" zu sprechen. Ja, sie waren älter, und zu der Zeit erschien es mir mit zarten vierzehn Jahren, als ob sie schon ein biblisches Alter erreicht hätten, aber ich versuchte immer, Wörter wie „die Alten" oder „meine Eltern" in solchen Situationen zu umgehen. Das war gar nicht mal so einfach!

Nach Luthers Erklärungen sollst du deine Eltern in Ehren halten, ihnen dienen, gehorchen und sie lieb und wert halten.

Wenn alles glatt läuft, wie auf dem Forellenhof, dann ist ja auch alles Paletti!

Aber was, wenn der Erzeuger nach ein paar Jahren das Weite sucht und man von einer überforderten

Mutter erzogen wird, die kein gutes Haar an diesem Wicht lässt?

Ist man dann noch fähig das Vierte Gebot umzusetzen?

Oder Eltern, die ihre Kinder schlagen oder sie verwahrlosen lassen? Und nicht zu vergessen die umgekehrte Variante, wenn Kinder ihre Eltern misshandeln, was leider auch heute keine Seltenheit mehr ist. Abhängigkeit und Alter kann manchmal eine gefährliche Mischung darstellen!

Das Vierte Gebot scheint eine harte Nuss zu sein für all die, die ihre Kindheit nicht im Bilderbuch wiederfinden können, aber es ist auch eine gute Gelegenheit, sich die Beziehung zu seinen Eltern noch mal bewusst zu machen und sich darüber klar zu werden, dass sie nicht ewig für uns da sein werden!

Das Fünfte Gebot

„Du sollst nicht töten."

Also das ist ja wohl klar, oder?

Dass man nicht rumlaufen kann und Leute, die man nicht leiden kann, einfach um die Ecke bringt, ist doch wohl logisch!

Nach Luthers Erklärung sollen wir Gott fürchten und lieben, dass wir unserem Nächsten an seinem

Leib keinen Schaden noch Leid tun, sondern ihm helfen und beistehen in allen Lebensnöten.

Wenn Dich also jemand so richtig auf die Palme bringt, dann nicht gleich umlegen, sondern versuchen ihm zu helfen, das gefälligst zu unterlassen – ja, wie denn?

Ist das denn nicht wieder unsere gute Bekannte – die so genannte „Watschen"?

Wenn jemand auf dich einprügelt, sollst du auch noch Verständnis für ihn aufbringen? Das fordert eine ganze Menge Selbstbeherrschung. Alle Achtung dem, dem das gelingt!

Wie steht es im Krieg? Da zieht man mit der Waffe in der Hand aus, um den „Feind" zu bekämpfen. Wer ist mein Feind? Wenn für Gott alle Menschen gleich sind, was macht jemanden zu meinem Feind?

Ist es, weil jemand mir sagt, dass dies mein Feind sei? Oder ist es mein Beruf, durch den ich dafür zu sorgen habe, dass so genannte Feinde meinem Land und mir fernzubleiben haben?

Wie steht es da mit dem eigenen Verantwortungsgefühl? Handelt man doch auf Anweisung eines Vorgesetzten, und der wiederum auf Anweisung eines noch höheren Vorgesetzten.
Letztendlich tut man es dann für das „Vaterland".

Und wie steht es mit Ländern, in denen es noch immer die Todesstrafe gibt?

Da fühlt man sich auch nicht schuldig, da es ja die Verfassung des eigenen Landes so vorschreibt.

Schuld kann man da ja gar nicht auf seine Schultern laden, sind es ja immer andere Menschen oder Umstände, die diese Entscheidungen zulassen.

Wenn es so wäre wundert es doch, dass es so viele Menschen gibt, die nach Situationen, wo sie Leben beenden mussten, so unter Schuldgefühlen leiden, dass sie ihr eigenes Leben nicht mehr ohne professionelle Hilfe bewältigen können.

Wir können uns noch so viele Sicherheiten schaffen, letztendlich sind wir doch allein mit uns und unserem Gewissen. Dann kann nur noch durch Gott Klarheit in unserem Kopf und Herzen entstehen und wir müssen den Weg gehen, der uns am richtigsten erscheint.

Auch sich selbst das Lebenslicht auszulöschen ist mit dem Fünften Gebot nicht vereinbar.

Allerdings muss man hier auch die Umstände berücksichtigen, die zu so einem schweren Entschluss führen können. Den Freitod zu wählen, wenn einem nur noch qualvolles Leben und Sterben bleibt, ist eine so schwere Entscheidung, dass niemand darüber urteilen sollte, denn man kennt nie alle Details.

Das Thema Sterbehilfe ist für das Fünfte Gebot ein heißes Eisen und wird von den meisten Kirchen wie Zahnschmerzen empfunden.

„Gott gibt das Leben, und nur er kann es uns wieder nehmen." – dies entspricht noch heute der Meinung von vielen Gläubigen.

Gott gab uns aber auch die Wissenschaft, die uns erklärt, was in einem Körper geschieht, der krank ist. Er gab uns auch das Wissen, um Medikamente zu entwickeln und das Know How, sie zu nutzen.

Das Leben kann für den einen ein spannendes und lustvolles Erlebnis sein, für den anderen wiederum kann es etwas Bedrückendes, Quälendes und Belastendes haben.

Am Schönsten ist es, da zu sein, wenn man uns braucht, und dass jeder fühlt, dass er nicht alleine ist mit sich und seinen Umständen. Das ist die Gemeinschaft, wie Gott sie will!

Besonders tragisch ist auch, dass es immer mehr junge Menschen gibt, die sich vielen Qualen ausgesetzt sehen und dann keinen anderen Ausweg mehr für sich erkennen, als den, ihr Leben zu beenden, das ja noch nicht einmal richtig begonnen hat.

Gerade auf den Jugendlichen lastet heute ein enormer Druck. Meistens sind sie dem Geltungsbedürfnis anderer schutzlos ausgeliefert. Dabei bedarf es noch nicht einmal einer langen Nase oder einer anderen Hautfarbe. Es reicht manchmal nur, zur falschen Zeit am falschen Platz zu sein.

Wo ist in so einem Fall der „Mörder"? Handelt es sich dann um einen Einzeltäter, oder ist die ganze Gesellschaft schuld?

Das Sechste Gebot

„Du sollst nicht ehebrechen."

Das könnte ein längeres Kapitel werden, das kann ich Ihnen sagen!

Also, fangen wir mal an.

Natürlich sollte man grundsätzlich nicht auf fremden Äckern ernten, wenn man zuhause die Früchte im Speicher hat.

Heute wird es allerdings auch ziemlich schwer gemacht, sich nicht selbst dabei zu ertappen, dass man sich doch mehr zu einem Menschen des anderen oder auch des selben Geschlechts hingezogen fühlt, auch wenn man schon ein solches Exemplar zuhause beherbergt.

Was, wenn Ihr Angetrauter am glücklichsten ist, wenn er mit einem Bier in der Hand die Sportschau guckt, dabei die Schale mit den Chips auf dem vorgewölbten Oberbauch platziert und dem Trainer die Mannschaftsaufstellung lautstark vorschreibt, Mutter aber heimlich durch den Türspion versucht, den Nachbarn aus dem 5. Stock abzupassen Der erinnert zufällig entfernt an George Clooney und hat immer ein freundliches Wort für die weibliche Spezies parat.

Oder nehmen wir Sie, meine Herren. Ja, bei Ihnen ist es ja noch ein wenig verzwickter. Sagt Ihr Verstand nein, vertritt Ihr „kleiner Kollege" vielleicht eine ganz andere Meinung. Und dann unterliegt oft der Verstand, weil auf den zu hören weit weniger Spaß macht!

„Appetit kann man sich ja holen, aber gefrühstückt wird zuhause!" Ho-Ho-Ho, wie witzig! Seien Sie sich sicher, das Gott darüber nicht lachen kann, und Ihre Frau schon gar nicht!

Verstehen kann ich Sie jedoch gut. Natürlich werden Sie auch ganz schön in Versuchung getrieben.

Kurze Röcke, tiefe Dekolletees, Silicon in der Brust, Botox in den Lippen, gelaserte Beine, Permanent-Make up, usw.

Sind Sie dann auch noch in einer Führungsposition, macht es sie ja noch viel attraktiver für Frauen, denn: „Macht macht sexy!"

In dem Fall können Sie aussehen wie Quasimodo – die Frauen werden immer versuchen, Sie zu umgarnen. Seien Sie aber auf der Hut und halten Sie sich einen guten Anwalt parat, der spezialisiert ist auf Vaterschaftsklagen, die könnten sich da schon mal häufen.

Also ich weiß nicht, wie es bei Ihnen steht, aber ich denke doch, dass das Sechste Gebot eine ganz schöne Herausforderung bedeutet.

Besonders wenn man bedenkt, dass bei Matthäus 5:28 steht: „Ich aber sage euch, dass jeder, der eine Frau ansieht, sie zu begehren, schon Ehebruch mit ihr begangen hat in seinem Herzen."

Das gilt natürlich andersherum genauso, meine Damen!

(Da dieser Sachverhalt einer genaueren Klärung bedarf, werden wir im Kapitel „Gedanken zur Bergpredigt" noch spezieller darauf eingehen.)

Ich denke, dass das Sechste Gebot und die Interpretation der Kirchen, heute die größte Hürde für Christen darstellt, die in einer unglücklichen Ehe leben oder geschieden sind.

Was bewegt denn einen Menschen, sich für jemand anderen zu interessieren? Ist es nicht auch, dass einer von beiden alles andere als christlich mit dem anderen umspringt?

Zugegeben, es gibt natürlich auch Menschen, die ständig die Bestätigung haben müssen, dass sie unwiderstehlich sind. Da ist mangelndes Selbstbewusstsein die treibende Kraft!

In dem Buch von Franz Alt: "Jesus der erste neue Mann" fand ich eine gute Erklärung diese Umstandes! „Wann immer ein Mensch wirklich liebt, handelt er wie Jesus. Im Umkehrschluss heißt

Jesus' Liebesverständnis, dass die vielen Routine-Ehen, in denen die Liebe keine Rolle mehr spielt, nichts anderes sind als staatliche legitimierte Prostitution."

Heißt das nun, dass wir uns, wenn es nicht mehr so knistert, einfach aus dem Staub machen können?

Ich glaube, das wäre dann doch etwas zu einfach!

Vielleicht sollten wir auch erstmal lernen, uns selbst zu akzeptieren; denn wie können wir erwarten, dass uns jemand anderes liebt, wenn wir uns selber nicht mögen?

Na, meine Damen und Herren, da haben wir wohl noch einiges zu lernen, bevor wir diesem Gebot gerecht werden können oder?

Wir sollten aber auch bedenken, dass immerhin Gottes Liebe bedingungslos ist, wenn auch nicht die der Kirchen! Aber wer arbeitet für wen?

Das Siebte Gebot

„Du sollst nicht stehlen"

Ja, was gibt es da zu sagen? Sie haben doch wohl nicht? Oder haben Sie?

Also, ob Sie's glauben oder nicht – ich habe!

Im zarten Alter von fünf Jahren habe ich beim Edeka eine Rolle Smarties (ein nostalgischer Vorläufer der M&M's) mitgehen lassen. Da staunen Sie, was?

Der Diebstahl lohnte sich aber nicht, da meine Mutter die heiße Ware beschlagnahmte und mich mitsamt der Rolle Smarties zurück zum Edeka manövrierte – ich sollte dort um Entschuldigung bitten.

Anschließend bekam ich Einzelhaft in meiner Zelle!

Die durchlittene Schmach machte es mir nicht möglich, noch weitere kriminelle Energien zu entwickeln, um einen eventuellen nächsten Coup zu planen.

Seither benehme ich mich anständig und bezahle!

Heute weiß ich, dass der Edekaladen eine Mitschuld hatte. Ziemt es sich doch so gar nicht, Süßigkeiten in Augenhöhe von Kindern zu platzieren, die noch nicht über ein geregeltes Einkommen verfügen.

Es ist heute gar nicht so leicht auf etwas verzichten, wonach einem gerade verlangt.

Aber zum Glück haben die Banken diesen Missstand erkannt und ihn schnellstens mit der Einführung von Kreditkarten behoben.

Damit ist das Problem doch gelöst, oder?

Das Stehlen von Gütern ist etwas, was einem gleich einfällt beim Siebten Gebot. Aber was ist mit

Dingen wie Selbstbestimmung, Unbefangenheit, das Recht auf Freiheit und freie Meinungsäußerung?

Denken Sie an die Sklaverei, dort wurde den Menschen ihre Freiheit gestohlen. Gar nicht lange her ist, dass Ungarn in ein sehr schiefes Licht geriet, da die Regierung die freie Meinungsäußerung der Presse „stehlen" wollte.

Auch wenn ich in einer Ehe den freien Willen meines Partners manipulieren will, stehle ich dabei sein Recht auf ein selbstbestimmtes Leben, denn ich versuche ihn zu kontrollieren und zu lenken, wie es mir gefällt.

Das Achte Gebot

„Du sollst nicht falsch Zeugnis reden wider deinen Nächsten."

Ich denke 75 % der Insassen der Gefängnisse verbringen ihre Zeit nur dort, weil andere gegen das Achte Gebot verstoßen haben.

Und seien wir mal ehrlich: Ist es nicht auch eines der Gebote, die wir am leichtesten missachten können?

Denken Sie doch nur mal an das Telefonieren... „nein, der ist noch nicht zu hause"! – Schon gesündigt, denn „der" steht gerade vor Ihnen und macht Bewegungen, als will er ein Flugzeug auf die Landebahn winken.

Und somit haben wir gleich zwei Sünder!

Oder die belogene Freundin: „Ich habe gerade noch das letzte Paar von diesen sündhaft teuren Schuhen ergattert, jetzt sind sie ausverkauft!"

Gemeiner Verstoß gegen das Achte Gebot, nur um zu verhindern, dass die Freundin die gleichen Schuhe trägt, wie man selbst, pfui!!!

Haben Sie nicht auch schon mal um des lieben Friedens willen gegen das Achte Gebot verstoßen?

Stellen Sie sich mal vor, Sie wollen mit Ihrer Frau in die Oper und sie fragt: „Findest Du nicht, dass das Kleid ein bisschen zu eng ist?" Als guter Ehemann aber scheuer Geselle, wenn es ums' Ausfechten unterschiedlicher Meinungen geht, verstoßen Sie gegen das Achte Gebot aus vollem Herzen, jedoch auch aus blanker Angst. „Ich finde es sitzt ganz ausgezeichnet!" Sieht die werte Gattin aus wie eine Bockwurst in der Pelle, wäre es zwar ehrlich, jedoch auch gefährlich Ihre Meinung offen kundzutun. Ehrlichkeit hätte als Resultat unter Umständen einen wortlosen Abend und anschlie-ßendes Nächtigen auf der weichen Neckermann-Couch zur Folge gehabt.

Oder nehmen wir die so genannte Meeting-Lüge: „Liebling, ich komme heute später nach hause, ich sitze immer noch im Meeting fest!" – Kein

Kommentar! Allerdings nur der zarte Hinweis, dass hier unter Umständen auch noch ein Verstoß gegen das Sechste Gebot vorliegen könnte!

Sie sehen, die kleinen Notlügen, wie wir sie verniedlichend nennen, sind ein knallharter Verstoß gegen das Achte Gebot und sie verhindern Ihren Seelenfrieden! Oder etwa nicht?

(Hoffentlich bleibt sie mit ihrem neuen Schuh in dem Gitterrost stecken! Pfui über mich! Aber da können Sie mal sehen, wie schwer das alles ist!)

Das Gemeine an Lügen ist ja auch, dass man den Überblick leicht verlieren kann, und dadurch die eigene Glaubwürdigkeit einbüßt. Ganz zu schweigen von anderen Mitmenschen, die man durch seine Lügen verletzt .

Also unterm Strich tut man sich selbst nichts Gutes!

In dem Zusammenhang muss man auch die neuen Kommunikationsplattformen im Internet einmal genauer unter die Lupe nehmen, die immer mehr dazu benutzt werden, Lügen über andere zu verbreiten; dabei bildet sich eine wachsende Gemeinschaft von jungen Menschen, die alle auf den selben Zug aufspringen.

Was bewegt junge Leute, anderen Menschen, meistens Mitschülern, so etwas anzutun? Wollen sie von sich selbst ablenken, weil sie irgendeinen Makel haben, mit dem sie selber in den Fokus anderer geraten könnten? Oder wollen sie sich interessant machen, um sich einen größeren Freundeskreis zu schaffen?

Wie steht es da mit der Nächstenliebe?

Wenn ich Lügen über jemand anderen verbreite, dann ist das ein Angriff auf dessen Persönlichkeit. Das hat mit viel Macht zu tun, die man ausüben kann.

Allerdings ist es auch nicht verwunderlich, dass sich in einer so genannten Ellbogengesellschaft diese Verhaltensweisen herausbilden. Das sind eben die Früchte, oder besser Früchtchen, die man erntet!!

Vielleicht sollte man sich an den Spruch erinnern: „Was du nicht willst, dass man dir tu', das füg' auch keinem anderen zu."; – oder biblisch gesprochen: „Du sollst deinen Nächsten lieben wie dich selbst." (Matthäus 22.39)

Das Neunte Gebot

„Du sollst nicht begehren deines Nächsten Haus."

Hier stellt sich tatsächlich die Frage, warum das Neunte Gebot nur auf den Besitz des Hauses deines Nächsten hinzielt, das Zehnte Gebot auch noch „Weib, Knecht, Vieh und alles was sein ist" ergänzt.

Warum ist dem Besitz eines Hauses ein ganzes Gebot gewidmet. Schauen wir uns die Bedeutung eines Hauses vor über 2000 Jahren an – und wie ist sie heute?

Haus kommt von Behausung. Das hilft jetzt an dieser Stelle auch nicht recht weiter; ein Haus bietet Schutz vor schlechtem Wetter, so genannten Feinden und es ist auch ein Ort, an den man sich zurückziehen kann. Ein Haus ist ein Ort der einem signalisiert, hier bist du sicher und hier gehörst du hin. Ein Ort, der deine Persönlichkeit widerspiegelt, wo du Freunde empfängst.

In der Bibel spielt hier Lydia eine wichtige Rolle, war sie doch diejenige, die den Jüngern die Jesus folgten, ihr Haus zur Verfügung stellte und sie bewirtete. Dieser Ort war ein Ort des Schutzes vor den Verfolgern. Sie wussten, dass sie in diesem Haus offen sprechen konnten, ohne um ihr Leben fürchten zu müssen.

Somit kann ein Haus also etwas Lebenswichtiges sein.

Ein Haus ist und war auch ein Statussymbol. Das größte Haus am Platz stand meist im Eigentum des bedeutendsten Mannes der Stadt und seiner Familie. Heute weiß man nicht recht, ob es noch im Besitz des Eigentümers ist oder vielleicht bereits der Bank gehört!

Im Märchen lebt der König im Schloss und der Bettelmann schläft unter der Brücke.

Wenn ich also das Haus meines Nächsten begehre, was sollte falsch daran sein? Ich kann doch ruhig mal sagen: „Och, das Haus hätte ich wirklich gern!" – das dürfte doch wohl keine Sünde sein.

Ist das Haus eine Art Heiligtum? Ist vielleicht gemeint, wenn ich das Haus meines Nächsten begehre, dann fülle ich mein Herz oder mein Sinnen mit einer falschen Begierde, weil ich nach etwas verlange, was mir nicht gehört und was einfach nicht zu erlangen ist.

Lenkt es mich ab von dem was ich habe, und verhindert es, dass ich mich darüber freuen kann?

Ich glaube, diese Art von Begierde ist weit verbreitet.

Etwas zu besitzen, was dem Nachbarn Sicherheit und Geborgenheit gibt, ein gewisses Ansehen, das hätten auch wir gern. Zu gerne würden wir doch mit unserem Nächsten tauschen.

Nur dabei vergessen wir ganz, dass wir eigentlich auch für andere der „Nächste" sind und dass man uns vielleicht auch um das beneidet, was wir haben!

Also, vielleicht sollten wir uns einfach für unseren Nachbarn freuen, dass er ein so schönes und großes Haus hat (was bestimmt viel Geld für Nebenkosten verschlingt, sind die Winter doch ziemlich kalt…) und bringen wir so Ruhe in unsere ach so gemarterte Seele.

Das Zehnte Gebot

„Du sollst nicht begehren deines Nächsten Weib, Knecht, Vieh noch alles was sein ist."

Hier wird das Haus außer Acht gelassen und sich auf jene Dinge beschränkt, die nichts mit der Räumlichkeit zu tun haben. Hier geht es um Lebewesen.

Das Hauptproblem des Neunten und Zehnten Gebotes, das kann man ja mal festhalten, ist eindeutig der Neid.

Jemanden zu beneiden, um etwas was er besitzt oder welche Stellung er einnimmt in der Gesellschaft, treibt einen ja manchmal dazu, es ihm gleich tun zu wollen, ohne dass man die Voraussetzungen dafür hätte, wie z. B. das nötige Kleingeld oder die höhere Ausbildung oder ganz einfach die Talente, die dem einen zu eigen sind und dem anderen eben nicht.

Das Ergebnis ist dann fatal, weil man Gefahr läuft, seinen Dispo zu überschreiten oder versucht, auf plumpe Art und Weise in einen bestimmten Kreis von Leuten zu gelangen, von denen man sich die Kontakte erhofft, durch die man dann zum großen Zampano aufsteigen möge.

Außerdem werden Sie zu einem unzufriedenen Griesgram, mit dem niemand mehr etwas zu tun haben möchte, weil Ihnen die Geschicklichkeit fehlt, sich in diesen Kreis von Menschen einzufügen, ohne sich selbst die Blöße zu geben, Ihre wahren Absichten zur Schau zu stellen.

Somit erreichen Sie nicht Ihr Ziel, sondern Sie scheitern.

Das Neunte und Zehnte Gebot soll uns wohl erinnern, dass wir dankbar sein sollen und nicht immer unser Glück in Dingen suchen müssen, die uns unerreichbar erscheinen.

Sich mit dem zufriedenzugeben was man hat, soll jedoch nicht bedeuten, dass man auf der Stelle treten soll und nicht danach streben, etwas Neues zu entdecken und dadurch seinen Horizont zu erweitern. Man soll es nur nicht tun, weil es jemand anders macht und der Richtung einfach folgen. Tun Sie es in Ihrer eigenen Geschwindigkeit und mit den Talenten, die Ihnen gegeben sind.

Also, wie sieht's jetzt aus? Haben Sie einige Erkenntnisse aus den Geboten gezogen? Oder haben Sie sich vielleicht in der einen oder anderen Situation wiedererkannt?

Ob man sowohl nach den Zehn Geboten leben und sich gleichzeitig erfolgreich durchs tägliche Leben hindurchmanövrieren kann, erscheint mir immer noch eine knifflige Angelegenheit zu sein. Aber es wäre bestimmt einen Versuch wert.

Ich muss trotzdem zugeben, dass ich gegen einige Gebote verstoßen habe – und gegen andere beinahe. Es ist also nicht der Erfolg zu verzeichnen, auf den ich stolz sein könnte. Das ist wirklich deprimierend! Ich hatte ja immer noch gehofft!

Allerdings habe ich auch Dinge entdeckt, die ich richtig gemacht habe und somit immer noch am Glauben an das Gute in mir festhalten kann.

Bevor wir uns wieder in die Frage vertiefen, wer Gott eigentlich ist, sollten wir uns vielleicht mal mit der Kontaktaufnahme zu Gott beschäftigen, nämlich dem „Beten"!

Gedanken zum Beten

Stellen Sie sich vor, jemand nuschelt Ihnen eine Nachricht auf Ihre Voicemail, von der Sie kein Wort verstanden haben, Sie aber, neugierig wie Sie sind, herausfinden wollen, von wem die Nachricht kam. Wenn Sie dann zurückrufen, haben Sie das Rätsel gelöst, und können sich gar nicht mehr erklären, warum Sie nicht früher darauf gekommen sind, dass es sich nur um diese Person handeln konnte.

So stelle ich mir den Kontakt zu Gott vor.

Gehen wir wieder zurück zu unserer Geschichte mit dem „armen Würstchen" mit dem miesen Kollegen – gehen wir zu Ihnen!

Denken wir daran, wie nach diesem für Sie schwärzesten Tag in Ihrer Karriere der Abend aussehen wird.

Sie sitzen im dunklen Wohnzimmer auf dem Sofa mit einem Glas Cognac (doppeltem), schief sitzender gelockerter Krawatte, des Jacketts längst entledigt und starren vor sich hin.

„Gott, was hab' ich getan? Wie tief willst Du mich denn noch sinken lassen?"

Hiermit haben Sie die Nummer gewählt und haben Ihre Nachricht in Form einer Voicemail hinterlassen. Sie wissen nicht, ob der Empfänger Ihre Nachricht je erhalten wird und wenn, ob er sie zurückrufen würde – Sie haben ihn ja nicht einmal um Rückruf gebeten.

Vielleicht fällt Ihr Blick jetzt in diesem Augenblick auf ein Bild in Ihrem Zimmer, was Sie vor mehreren Jahren im Urlaub fotografiert haben, und Sie erinnern sich an die Zeit zurück. Mit wem Sie zusammen waren, als Sie das Foto machten, wo Sie zu der Zeit beruflich standen und welche Erwartungen Sie zu dieser Zeit noch an Ihr Leben hatten.

Nun fangen Sie an zu reflektieren, was davon heute noch übrig geblieben ist und fragen sich „Warum"?

Es wird ja mal wieder Zeit den Kontakt zu den Menschen aufzunehmen, die Sie zu einer anderen Zeit in Ihrem Leben begleitet haben, einer Zeit, in der Sie alles andere als das „arme Würstchen" waren. Denn wie sollen Sie einen weiteren Horizont bekommen, wenn Sie im Jetzt so fürchterlich feststecken?

Was erwarten Sie? Dass Sie jemand bei der Hand nimmt und alles für Sie regelt? Na, dann mal viel Erfolg!

Das ist heute noch die Interpretation vieler Kirchen, dass „Wir alles zu Gott geben sollen", in der Hoffnung, dass er unser Leben wieder in Ordnung bringt.

Wenn es so funktionieren würde, wäre Mitglieder-schwund in der Kirche heute kein Thema, ganz im Gegenteil!

Aber wie sollen wir in einer Krisensituation noch einen klaren Blick behalten können, wenn nicht durch einen gewissen Abstand.

Wenn Sie in einer Kunstgalerie zu nahe an einem Bild stehen, dann können Sie nur einen Ausschnitt genau sehen. Wenn Sie aber eine Distanz schaffen, dann ist es Ihnen möglich das ganze Bild zu betrachten.

Zugegeben, dass ist nicht leicht!

Aber kommen wir wieder zurück zum Beten.

Die unterschiedlichen Religionen haben verschiedene Arten in Kontakt mit Gott zu treten.

Es gibt so viele verschiedene Arten, eine Voicemail an Gott zu starten. Jede Religion hat ihre ganz spezielle Art. Wobei ich wirklich glaube, dass es total schnuppe ist, wie man es tut.

Wenn Sie das Gefühl haben, es am besten in der „Schweinebummel-Haltung" tun zu können, dann bitte, tun Sie sich keinen Zwang an!

Wir Christen beugen uns mit gesenktem Haupt und gefalteten Händen nach vorn und beten, zumeist, mit geschlossenen Augen.

Das bedeutet eine sehr intime und konzentrierte Art der Kontaktaufnahme.

Allerdings können die Gedanken dann auch umherschweifen, ob Augen zu oder nicht.

Haben Sie jemals ausprobiert zu meditieren? Wenn ja, dann wissen Sie, wie schwierig es ist seine Gedanken loszulassen und einfach ganz bei sich zu sein. Keine Angst – Sie werden durch die Ausübung von Meditation nicht gleich zum Buddhisten! Die Meditation hat auch in unserer christlichen Tradition ihren Platz. Leider ist sie etwas in Vergessenheit geraten!

Das heißt, dass wenn ich mich auf das Hier und Jetzt besinne und mich von allen äußeren Dingen nicht beeinflussen lasse, dann bin ich ganz bei mir. Bin ich dann auch automatisch mit Gott in Verbindung?

Ist Gott nicht in jedem von uns? Na klar, haben wir doch schon herausbekommen!

Und was sage ich, wenn ich bete? Muss man sich an eine bestimmte Form halten? Oder schwatze ich einfach so drauflos, wie mir der Schnabel gewachsen ist?

„Und wenn ihr betet, sollt ihr nicht viel plappern wie die Heiden; denn sie meinen, sie werden erhört, wenn sie viele Worte machen. Darum sollt ihr euch ihnen nicht gleichstellen. Euer Vater weiß, was ihr bedürfet, ehe denn ihr ihn bittet." (Matthäus 6.7-9)

Ich denke es ist einfach ein Gebot der Höflichkeit, wenn man erstmal ein paar Dinge in seinem Leben erwähnt, für die man dankbar ist, bevor man gleich mit den Forderungen beginnt.

Also, ich hätte da ein besseres Gefühl! Ich bin halt ein höflicher Mensch!

Die Frage ist natürlich auch, ob ich wirklich daran glaube, dass der liebe Gott Dinge, die ich mir wünsche, prompt liefert. Das haben wir ja inzwischen gelernt – er ist keine Person, so wie der Weihnachtsmann.

In dem Buch von Pierre Franckh „Erfolgreich wünschen" wird auf sehr eindrucksvolle Weise beschrieben, wie der Glaube Berge versetzen kann.

Darin geht es nicht darum, um etwas zu bitten, also nicht nach dem Motto: „Lieber Gott, bitte mach'... (Ich glaube sowieso nicht, dass ich es verdiene...)", sondern mehr um: „Ich weiß, dass ich es bekomme..."

Sie sehen also, der Ton macht hier die Musik.

Ich finde es schon sehr beeindruckend, dass Pierre Franckhs Frau, Michaela Mertens, einen Möbelwagen vollpacken ließ, mit ihrer gesamten Habe, ohne einen Mietvertrag für die neue Wohnung zu haben, nur, weil sie davon überzeugt war, dass sie in die Wohnung, die sie wollten, auch einziehen würden.

Sie hatte es sich eben gewünscht!

Das ist für mich das beste Beispiel, für einen unerschütterlichen Glauben. Diese Art, die Berge versetzen kann.

Dass es wahrscheinlich ist, durch seinen festen Glauben und die daraus resultierende Überzeugung, Dinge im Leben günstig beeinflussen zu können, haben wir schon ein paar Kapitel vorher gelernt und zwar von Mahatma Gandhi, der über die wundervolle Kraft oder Energie spricht, auf die wir nur Zugriff haben, wenn wir glauben.

So haben wir also nun schon drei Beweise: Die Bibel, die sagt, dass der Glaube Berge versetzen kann, Mahatma Gandhi und Pierre Franckh!

Also muss ja wohl etwas dran sein!

Sie können es ja gleich heute Abend mal mit dem Wünschen/Beten versuchen! Aber verklagen Sie mich nicht, wenn Sie nicht den gewünschten Erfolg erzielen!

Vergessen Sie nicht: „Übung macht den Meister!"

Nachdem uns die Zehn Gebote ja schon ein schönes Beispiel für unsere Verfehlungen gegeben haben, versuchen wir es vielleicht noch mal mit dem „Vaterunser" und stellen uns die Frage, ob wir das Gebet in unserem Alltag zur Anwendung bringen können!

Gedanken zum „Vaterunser"

Lassen Sie uns das „Vaterunser" mal Satz für Satz auseinandernehmen und sehen, ob wir das Rätsel knacken können!

‚Vater unser im Himmel'

Da stellt sich natürlich gleich mal die Frage, was genau mit Himmel gemeint ist, und wo fängt der Himmel an?

Wenn Sie zum Beispiel mal ein Landschaftsbild betrachten, wo fängt der Maler an, seinen Himmel zu malen?

Fängt der Himmel dann nicht gleich am Horizont an, und wenn der Himmel dort die Erde berührt, fängt er dann nicht gleich dort an, wo die Erdoberfläche aufhört? Stehen wir mit unseren Fußsohlen auf der Erde, aber mit dem Rest unseres adonishaften Körpers schon im Himmel?

Sehen wir den Himmel wirklich nur als jenes blaues, manchmal auch graues Ding mit Wolken, hoch über unseren Köpfen?

Wenn der Himmel so fern wäre, wäre es dann nicht widersprüchlich, unser Gebet an jemanden zu richten, der so weit entfernt ist und gar nicht so leicht zu erreichen?

Schafft diese Entfernung nicht auch neben einer räumlichen, eine persönliche Distanz?

Erhoffe ich wirklich eine rasche Antwort auf meine Gebete, wenn erstmal eine so lange Distanz zu überwinden ist?

Was geht schneller? Einen Brief von München nach Hamburg zu schicken, oder von München nach Sydney?

Warum wird also im „Vaterunser" eine Distanz geschaffen, wo doch Gott immer mit uns ist?

War es vielleicht der Versuch unseren frühen Vorfahren gegenüber, Gott eine größere Autorität zu geben? War der Himmel doch für sie noch unerreichbar!

Keine Satelliten oder Flugzeuge zu der Zeit!

Wenn Gott bei uns ist, dann schwebt er ja nicht irgendwo über unseren Köpfen in Galaxien, die nie ein Mensch zuvor gesehen hat! (Entschuldigen Sie bitte den kleinen Ausrutscher zum „Raumschiff Enterprise" – war es doch vor vielen „Lichtjahren" mal meine Lieblingssendung!)

Wird Himmel vielleicht vielmehr als Atmosphäre gesehen? Also das, was die Erde umgibt?

Wenn es so wäre, dann hätte es ja auch Sinn zu sagen, dass Gott mit uns ist, anwesend in allem, was uns so umgibt. Das wäre dann ja auch mit der Erklärung Gandhis über Gott durchaus vereinbar!

Gar nicht so dumm!

‚Geheiligt werde Dein Name‘

Das hatten wir ja schon ausführlich bei den Zehn Geboten besprochen. Wäre nur noch die Frage zu klären, warum man nur den Namen ehren soll und nicht die Person!?

Nun sind Sie mir aber auf den Leim gegangen!

Gott ist doch gar keine Person – Sie Schlauberger! Also bleibt einem doch gar nichts anderes übrig, als dass, wenn man etwas heiligen will, man es nur mit dem Namen tun kann!

Wenn man nun unbedingt eine Personifizierung braucht, dann kann man ja zu Jesus von Nazareth greifen, der als Mensch gelebt und gelitten hat und nachher auch auf ziemlich brutale Art und Weise ermordet wurde.

Aber Jesus hat in diesem Buch natürlich noch ein eigenes Kapitel!

‚Dein Reich komme‘

Also da wäre ja erstmal zu klären, was Gottes Reich ist.

Was bedeutet Reich eigentlich? Mich erinnert diese Formulierung an das Römische Reich oder das Dritte Reich. Ist Reich ein Gebiet, in dem jemand herrscht?

Das Wort Reich bringe ich immer in Verbindung mit alten Filmen, in denen jemand bestimmt, was die anderen zu tun haben.

Denken Sie mal an das Römische Reich und den alten Schinken Cleopatra mit Elisabeth Taylor und Richard Burton! Aber das nur am Rande.

Können wir also annehmen, dass „Dein Reich komme" meint, dass wir Gottes Herrschaft über uns freudig entgegenblicken sollen und dass sozusagen alle seiner, durch Jesus überlieferten Gebote über uns hereinfallen und dies uns hilft, zu besseren Menschen zu werden?

Es ist wirklich etwas gewöhnungsbedürftig, sich jemandem so bedingungslos zu unterwerfen.

Das setzt ja erstmal grenzenloses Vertrauen voraus.

Oh je, das hört sich an, wie der Einstieg in eine Analyse über zwischenmenschliche Beziehungen! Das lassen wir mal lieber!

Aber wenn wir daran denken, uns überhaupt jemandem vollkommen anzuvertrauen, dann ist Gott bestimmt immer noch die bessere Wahl, als irgend so ein Willi, der uns nur benutzen will, um sich am Ende selbst zu profilieren.

Und wenn wir Gott vertrauen, vertrauen wir dann nicht automatisch uns selbst? Denn Gott ist ja in jedem von uns. In manchem mehr, in anderen wieder weniger.

‚Dein Wille geschehe'

Das ist ja nun wieder ein Satz, dem auch nichts hinzuzufügen bleibt!

Aber vielleicht hier nur ein kleiner Tipp am Rande, dass Gottes Wille nicht immer der ist, der uns gerade in den Kram passt, weil wir eigentlich etwas ganz anderes möchten. Und manchmal ist der Wille Gottes auch schwer zu erkennen, wenn man ‚sein eigenes Ding' machen will!

‚Wie im Himmel, so auf Erden'

Diese Himmel-Geschichte klebt, finde ich, wie Gummi am „Vaterunser"!

Also davon abgesehen, dass wir die ‚Himmel-Frage' immer noch nicht zur vollsten Zufriedenheit geklärt haben, ist es nicht schwer zu verstehen, dass in jeder Lebenslage und egal, wo man sich befindet, der Wille Gottes geschehen soll. Wohlgemerkt, „der Wille Gottes" und nicht Ihrer!

‚Unser tägliches Brot gib uns heute'

Heutzutage kann man sich ja nicht vor dem Problem des Hungers in der Welt verschließen. Dass man da gefälligst dankbar zu sein hat, etwas auf dem Teller zu haben, ist doch hoffentlich jedem klar!

Vielleicht öffnet es uns die Augen dafür, dass nicht jedem dieses Glück zuteil wird, täglich ein warmes Essen auf dem Tisch zu haben.

Es betrifft ja nicht allein Menschen in Entwicklungsländern, sondern auch bei uns, in den so genannten ‚Wohlstandsländern‘.

Das tägliche Brot ist so wichtig, um unserem Organismus jeden Tag die Energie zuzuführen, damit er funktioniert, damit wir funktionieren.

Steht hier nicht auch das tägliche Brot als Synonym für den Glauben?

Beides tut man außerdem häufig in Gesellschaft – und trägt damit auch zur Sozialisierung bei.

Auch sollten wir uns täglich darüber im Klaren sein, dass wir sorgsam mit unserer Nahrung umgehen und nichts verschwenden.

Lieber nur wenig im Kühlschrank haben, dafür aber auch alles essen und nicht die Hälfte wegschmeißen!

‚Und vergib uns unsere Schuld‘

Das ist sicherlich sehr schlau darum zu bitten, denn das Leben bietet ja unendlich viele Möglichkeiten, uns schlecht zu benehmen, oder?

‚Wie auch wir vergeben unseren Schuldigern'

Darauf wurde ja schon vorher eingegangen. Erinnern Sie sich noch? Das mit der Wange?

Aber hier wird es nun auch noch mal dringend erwähnt, dass wir den Menschen, die sich uns gegenüber mies benommen haben, zu vergeben haben.

Ich glaube allerdings nicht, dass Vergeben bedeutet, dass wir sagen „Schwamm drüber" und dann so tun, als sei nichts gewesen.

Vergeben heißt meiner Ansicht nach, dem anderen auch Fehler zuzugestehen, für die er vielleicht nichts kann, denn auch er ist genauso wenig perfekt, wie ich es bin.

Wenn ich zu dieser Erkenntnis gekommen bin und für mich damit der Fall klar ist, dann kann ich trotzdem noch entscheiden, ob ich der Beziehung mit dieser Person nicht ein wenig mehr Distanz gestatten sollte. (Schöner Satz!)

„Gehe in Frieden, aber g e h !!!"

‚Und führe uns nicht in Versuchung'

Natürlich bitten wir darum, dass Gott uns davor bewahrt, uns Dinge in den Weg zu stellen, die uns auf eine innere Zerreißprobe stellen, „Sünder" oder „Christ"!

Das ist ja fast das Gleiche, als wenn Sie eine Diät machen und dann einen Job in der Süßwarenabteilung eines Kaufhauses angeboten bekommen. So was ist schon fast ein schlechter Scherz!

,...sondern erlöse uns von dem Bösen'

Ich glaube, dass niemand freiwillig, einer erdrückenden Situation hilflos ausgeliefert sein möchte.

Ob es der falsche Job ist, die falschen Freunde, oder auch die falschen Bedürfnisse nach denen ich strebe. Zumal sich auch vieles erst später , als „Böse" herausstellt, was einmal „Gut" begann!

Wie können wir da je sicher sein, die richtigen Entscheidungen zu treffen?

Das Gemeine daran ist nur dass, wenn man darauf wartet, dass Gott etwas tut und wir die Hände in den Schoss legend einfach abwarten, dann werden Sie erstaunt sein, was passiert – nämlich gar nichts!

Wenn Sie wirklich etwas in Ihrem Leben ändern müssen, dann gibt Gott Ihnen die Erkenntnis, dass es so nicht weiter geht, aus welchen Gründen auch immer. Aktion, müssen Sie schon zeigen.

Waren Sie auch schon mal in einer Situation, in der Sie ein Freund oder eine Freundin um Rat gebeten hat, ob ein Schritt in eine bestimmte Richtung der richtige wäre? Und Sie haben dann zugestimmt und von der Person nichts mehr gehört, da diese sich doch anders entschieden hat! Und dann waren Sie nicht mehr erwünscht, weil Ihr Ratschlag fast zu einem negativen Ergebnis geführt hätte...

Darum übernimmt Gott auch nicht den aktiven Part. Er möchte ja nicht von ihrer Gästeliste gestrichen werden!

Vielleicht führt ein Leben nach christlichen Werten zu der Erkenntnis, das „Gute" vom „Bösen" zu unterscheiden?

‚Denn dein ist das Reich und die Kraft und die Herrlichkeit in Ewigkeit'

Und zum Schluss kommt noch die Klarstellung, dass Gott derjenige ist, der das Sagen hat und nach dessen Pfeife wir zu tanzen haben – ob wir wollen, oder nicht!

Und zwar nicht, bis dass der Tod uns scheidet, sondern noch viel länger!

AMEN!

Mehr Gedanken zu Gott

Während Gott im Alten Testament als einer beschrieben wird, der Rache übt und Zerstörung bringt, liest sich das im Neuen Testament etwas milder.

Da wird Gott als „Gott der Liebe" bezeichnet und auf seine bedingungslose Liebe zu uns sündigen Menschen hingewiesen.

Bedingungslose Liebe meint, dass man jemanden trotzdem liebt, obwohl er Fehler gemacht hat oder uns unter Umständen auch sehr verletzt hat.

Ich glaube allerdings, dass sich auch eine noch so bedingungslose Liebe nicht immer auf dem „Schmetterlinge-im-Bauch-Level" halten kann.
Auch da gibt es sicher Abstufungen.

Zugegebenermaßen ist die Vorstellung sehr angenehm, dass man, was immer man auch getan haben mag, geliebt wird.

Wie sieht es mit unserer Nächstenliebe aus? „Du sollst deinen Nächsten lieben wie dich selbst" (Matthäus 22.39)

Wenn man sich erklären will, warum es heißt, dass der Umgang zwischen den Menschen immer kälter wird, dann liegt es vielleicht daran, dass viele nie gelernt haben sich selbst zu lieben und darum andere genau so gern haben!

Haben Sie schon mal etwas für jemanden getan, ohne dass Sie dazu aufgefordert wurden oder ohne, dass Sie sich selbst mit einer guten Tat in den Mittelpunkt gedrängt hätten? Vielleicht beim Schneeschippen einfach mal den Gehweg vom Nachbarhaus mit geräumt, weil Sie Ihrem 80jährigen Nachbarn einen Gefallen tun wollten?

Oder die ältere türkische Dame, die sich beim Tragen ihrer Einkaufstüten so abmüht? Haben Sie ihr schon einmal angeboten zu helfen, da Sie den gleichen Weg haben?

So etwas fühlt sich wirklich toll an, oder?

Anderen Hilfe anzubieten bedeutet auch sie anzunehmen – ohne die Bedeutung ihrer Herkunft oder Religion. Füreinander da zu sein beschränkt sich nicht auf Bevölkerungsgruppen, sondern das gilt für alle Menschen!

Wenn Sie etwas geben, dann wird meistens eine Gegenleistung erwartet. So nach dem Motto: „Was springt denn für mich dabei raus?" Oder aber Sie lehnen Hilfe gleich ab, da Sie nichts haben, was Sie geben könnten!

Das ist aber nicht die Art von Nächstenliebe, die Gott für uns will! Liebe soll doch bedingungslos sein!

Auch bei vielen Paaren spielt häufig der Gerechtigkeitssinn eine gewichtige Rolle in ihrer Beziehung. Immer wird verglichen, ob der andere genauso viel für die Partnerschaft tut, wie man selbst. Wie viele Tage verbringt er mit Freunden im Sportverein und wie viele zu hause.

Es geht aber auch wirklich nicht gut, wenn einer immer nur gibt und der andere sich nur aufs Nehmen beschränkt!

Wie steht es denn überhaupt mit der Liebe in der Bibel?

Gott liebt uns bedingungslos und Jesus hat auch bewiesen, dass er sogar demjenigen verzieh, der ihn an die Römer verraten hatte. Jesus bewies auch ihm seine bedingungslose Liebe.

Körperliche Liebe ist in der Bibel nur verheirateten Paaren vorbehalten. Alles andere ist nicht gestattet! Will man ja auch nicht, dass sich der Mensch so dermaßen unkontrolliert vermehrt und die Übersicht über seine eigene Verwandtschaft verliert!

Wenn eine Ehe vor Gott geschlossen wird, dann geschieht das meistens bei uns heute in der Kirche, wo wir geloben, einander die Stange halten zu wollen, in guten, wie auch in schlechten Zeiten.

Wie schlecht Zeiten allerdings manchmal sein können, kann man sich im Eifer des Gefechts aber meist nicht vorstellen – darin liegen vielleicht auch die hohen Scheidungsraten begründet.

Wenn früher eine Ehe geschlossen wurde, dann reichte es auch schon, wenn man mal die 13 Jahre junge Cousine mit dem 20 Jahre älteren Vetter durch Handschlag „verheiratete". Blieb es doch schön in der Familie, und meistens spielten da ja auch wirtschaftliche Beweggründe eine Rolle.

Wenn man sich in einen anderen Menschen verliebt, kann man oft gar nicht verstehen wieso. Dann lernt man sich näher kennen und fragt sich „Warum nicht schon früher?" Dann überlegt man, ob man nicht heiraten sollte und fragt sich „Warum nicht?" Als nächstes kommt dann das erste Kind und man fragt: „Warum nicht noch ein zweites?" Und dann geht alles seinen Gang und zum Schluss fragt sich so mancher: „Warum bloß???"

Das Schönste, das müssen Sie zugeben, ist der Teil, in dem man sich verliebt! Wenn man einer neuen Liebe begegnet, sich anfängt täglich zu duschen und die Haare in Nase und Ohren zu stutzen, wenn man sich fragt, ob Kernseife wirklich der richtige Duft ist oder ob man nicht mal etwas Neues probieren sollte. Wenn man dem täglichen Leben mit einem verklärten Lächeln begegnet, dann merkt auch die Umwelt, dass Amor seinen Pfeil abgeschossen hat!

Wenn einen das warme Gefühl in der Herzgegend nicht mehr loslässt und man einen Heavy-Metal-Herzschlag verspürt, dann ist das einfach „göttlich"!

Wenn es in der Bibel ums Heiraten geht, dann werden immer nur heterosexuelle Paare beschrieben. Wenn es um gleichgeschlechtliche Liebe geht, dann ist die Bibel weniger gelassen. Allerdings zweifle ich an der Übersetzung, wie sie von christlichen Moralisten formuliert wird. Gleichgeschlechtliche Liebe gibt es, so lange es die Menschen gibt.

Wenn Kirchen sich auf die Bibel berufen, um ihre negative und ablehnende Haltung gegenüber Homosexuellen zu rechtfertigen, kommen sie häufig mit der Geschichte von „Sodom und Gomorra". Ich finde, das ist Grund genug, diese Geschichte genauer unter die Lupe zu nehmen und festzustellen, ob es sich hierbei wirklich um eine homosexuellenfeindliche Geschichte handelt.

Gedanken zu Sodom und Gomorra

Sodom muss man sich – glaube ich – vorstellen wie eine Mischung aus Las Vegas und St. Pauli.

Wobei ich allerdings betonen möchte, dass auf St. Pauli die Menschen Fremden gegenüber nicht ungastlich sind. Ganz im Gegenteil! Stehen doch draußen vor den Lokalen die netten Herren, von denen man eingeladen wird, doch mal einzukehren und etwas zu trinken.

Vielleicht hätte Gott noch ein Auge zugedrückt und Sodom nicht zerstört, wenn die Menschen so freundlich gewesen wären wie auf St. Pauli!

Leider war Sodom Gott unangenehm aufgefallen, weil sie dort wirklich nur in Sünde gelebt und keinen Respekt vor nichts hatten. Auch müssen sie sehr experimentierfreudig im Bezug auf sexuelle Praktiken gewesen sein, stammt das Wort Sodomie in seiner Bedeutung tatsächlich von Sodom!

(Falls Sie vergessen haben sollten, was Sodomie bedeutet, versuche ich es mal vorsichtig zu erklären. Also stellen Sie sich mal vor, Sie wären ein Landwirt. Sie wären im vollen Safte ihrer Männlichkeit, haben aber keine Frau. Aber Sie haben Tiere...!)

Genauer möchte ich jetzt nicht darauf eingehen, aber ich glaube, Sie können sich ein Bild machen!

Gott schickte also zwei Engel nach Sodom, die dort mal nachschauen sollten, ob es wirklich so entsetzlich war, wie er vermutete.

Als die Engel am Abend in Sodom eintrafen, begegneten sie am Tor zur Stadt einem Manne mit Namen Lot. Er war einer, der dieses ganze sündhafte Treiben nicht guthieß und sich immer noch einen guten Charakter bewahrt hatte.

Es heißt in der Bibel, dass es nur einflussreichen Männern gestattet war, am Tor zur Stadt zu sein. Das Tor war nicht einfach nur ein Tor, sondern ein Gesellschaftshaus für Privilegierte. Da stellt sich natürlich auch die Frage: Wenn Lot so einflussreich war, warum konnte er nicht Einfluss auf die moralischen Missstände in seiner Stadt nehmen? Wenn er der Einzige gewesen wäre, der noch normal war unter all den degenerierten Idioten, dann hätte man ihn doch bestimmt schon irgendwie eliminiert. Schließlich war man ja bekanntermaßen in Sodom nicht zimperlich!

Also, besagter Lot ging den Engeln entgegen, denen man wahrscheinlich nicht ansah, dass sie Engel waren, sondern nur ganz normale Touristen. Er lud sie gleich in sein Haus ein und bot ihnen „Bed and Breakfast". Dazu bot er ihnen außerdem noch an ihnen die Füße zu waschen.

Nun werden sie sicher denken, dieser Lot spinnt und er ist vielleicht doch nicht so ganz normal. Es könnte sich hier um einen Fußfetischisten handeln.

Aber weit gefehlt. Zu der Zeit war das Füßewaschen ein Ausdruck der Gastfreundlichkeit und bekundete die Unterwürfigkeit und somit die große Wertschätzung, die man für jemanden empfand. Auch Jesus wusch die Füße seiner Jünger!

Die Engel aber lehnten das Angebot ab und wollten auf der Straße nächtigen. Doch da Lot natürlich die Mischpoke, die sich nachts auf den Straßen Sodoms rumdrückte kannte, nötigte er die beiden und schließlich gaben sie dem Bitten nach und kehrten in Lots Haus ein.

Lot bereitete ihnen ein Mahl und war unschlagbar in seiner Gastfreundlichkeit.

Bevor sie zu Bett gingen, kamen die Leute der Stadt Sodom, „jung und alt, das ganze Volk aus allen Enden" und umgaben das ganze Haus und fragten Lot, wo die Fremden seien, die er in sein Haus eingeladen hatte.

Sie sprachen: „Führe sie heraus zu uns, dass wir sie ERKENNEN."

(Das Wort ERKENNEN wird in der Bibel als der Geschlechtsakt zwischen Mann und Frau bezeichnet.) Also wollten sich die Menschen von Sodom über die Fremden hermachen und sie vergewaltigen.

Hier finden wir wohl den allerwichtigsten Hinweis darauf, warum auf der Homosexualität so ein Makel liegt!

So etwas ist ja auch wirklich widerlich und abstoßend. Eine Vergewaltigung von zwei Männern, begangen von der Bevölkerung einer ganzen Stadt. Ist es diese Ekel erregende Vorstellung, die sich den Menschen so ins Gedächtnis prägt, dass sie glauben, dass gleichgeschlechtliche Liebe immer mit Zwang verbunden ist? Oder ist es allein die Vorstellung von zwei gleichgeschlechtlichen Körpern im Liebesspiel, was so eine Abneigung hervorruft?

Vielleicht sollten wir auch das Augenmerk hier mal etwas genauer darauf legen, wie heilig die Gastfreundschaft doch in dieser Zeit war, und dass es ja wohl eine schrecklichere Verletzung dieser Sitte kaum mehr geben konnte, als die, die dort geschah.

Und dann möchte ich noch darauf aufmerksam machen, dass ganz deutlich beschrieben war, wer da Lots Haus umzingelte. Es waren nicht nur homosexuelle Männer, die ihren Spaß haben wollten, nein, es waren ALLE Bewohner Sodoms, „jung und alt, das ganze Volk aus allen Enden".

Ich nehme mal an, dass nicht die Mehrheit der Menschen die dort waren, ein sexuelles Interesse an den Fremden hatten. Was den Mob aber nicht entschuldigt. Die wollten schließlich dabei sein und zugucken. Wie widerlich ist das!

Finden wir hier neben der Sünde der Vergewaltigung, die ein grausames Vergehen ist, nicht auch im gleichen Maße die Sünde des Anstachelns und Zusehens? Die Form der Eigendynamik, wenn es dazu kommt, das Massen unkontrolliert anfangen Stimmung zu machen und die Atmosphäre anheizen?

Der Mob wollte etwas zu sehen bekommen, sich kurz am Leid der anderen befriedigen. Wie krank ist das denn?

Aber nicht genug damit, jetzt kommt es noch viel dicker!

Lot treibt seine Gastfreundschaft hier nämlich um einiges zu weit. Sagt er doch: „Ach, liebe Brüder, tut nicht so übel! Siehe, ich habe zwei Töchter, die haben noch keinen Mann erkannt, die will ich herausgeben unter euch, und tut mit ihnen, was euch gefällt!"

Nun atmen Sie mal tief durch!

Finden Sie nicht auch, dass das ein starkes Stück ist? Ich meine, da bietet der alte Lot, dieser Widerling, doch tatsächlich seine jungfräulichen Töchter der Meute an, die sich dann an ihnen vergehen konnte nach Lust und Laune! Und dass nur, um die Fremden, die ihm niemals vorher begegnet waren, zu schützen?

Manche Leute sagen, dass Lot die Fremden als Engel erkannte, und dass er seine Töchter anbot, zum einen weil er glaubte, dass die Engel sie beschützen würden, und zum anderen da er wusste, dass Homosexuelle keinerlei Interesse an Frauen hatten!

Da muss ich aber leider wieder auf die Stelle hinweisen, wo da geschrieben steht, dass alle Bewohner Sodoms dort herumlungerten, jung und alt! Und nicht nur Homosexuelle!

Zudem darf man annehmen, dass die Bevölkerung Sodoms nicht nur aus Homosexuellen bestand, woher sollten denn sonst die „jungen" kommen?

Ich denke, dass Lot mit seiner übertriebenen Gastfreundschaft und dem „großzügigen Angebot" an die Bevölkerung Sodoms auch gesündigt hat und zwar auf ganz widerliche Weise!

Zudem heißt es doch auch, dass unsere Kinder uns von Gott anvertraut sind! Oder?

Aber weiter mit dieser unglaublich haarsträubenden Geschichte!

Also der Mob fing an auf Lot einzuschlagen, denn sie wollten nicht auf sein Angebot eingehen. Was für ein Glück für seine Töchter!

Nun greifen endlich die Engel ein! Hat ja auch lange genug gedauert!

Sie zogen Lot ins Haus und schlugen die Männer draußen mit Blindheit, so konnten sie die Tür nicht mehr finden!

Sie rieten Lot die Stadt schleunigst zu verlassen und seine Frau und Töchter mitzunehmen, da die Engel die Stadt zerstören wollten. Gott ging das nämlich alles schon viel zu lange viel zu weit da in Sodom!

Als Lot zögerte, nahmen die Engel die Familie unter ihre Fittiche und führten sie aus der Stadt. Man kann ja auch nachvollziehen, dass Lot auch nicht ganz erfreut war, alles zurückzulassen, was bis zu dem Tag sein Leben war.

Die Engel gaben Lot die Anweisung seine Seele zu erretten und nicht zurückzublicken.

Das scheint mir ein Hinweis auf die Einstellung im Leben zu sein. Sollten wir ja auch nach vorn blicken und nicht zurück! Ändern können wir an Dingen, die bereits geschehen sind, auch nichts mehr!

Was ich allerdings nicht verstehe ist, warum die Engel Lots Frau nicht auch diesen Hinweis gaben, denn die hielt sich leider nicht an die Anweisung der Engel und blickte zurück. Da wurde sie zur Salzsäule! Warum, weiß kein Mensch. Vielleicht war es einfach zu schrecklich was sie sah oder, und das ist eine andere Erklärung , sie wurde zur Salzsäule, weil sie Gott nicht gehorchte!

Kann man ja auch verstehen, dass sie zurückblicken wollte, schließlich hatte sie ja noch ihre verheirateten Töchter in der Stadt zurücklassen müssen, die überhaupt kein Interesse hatten, sich ihnen anzuschließen! Auch hatte sie sicher viele Jahre in Sodom verbracht und sich ihr Leben dort eingerichtet. Also ich verstehe Lots Frau!

Dass sie zur Salzsäule erstarrte, wird auch nur in einem knappen Satz erwähnt. Was bedeutete es für Lot? Hat er nicht getrauert, da seine Frau jetzt so als Salzsäule herumstand und sie ihm nicht mehr als treue Gefährtin zur Seite sein konnte?

Davon, dass Lot trauerte, steht jedenfalls nichts in der Bibel.

Wer jetzt glaubt, dass wir schon am Ende der sündigen Geschichte angekommen sind, der irrt gewaltig!

Lot lebte dann nämlich mit seinen Töchtern, auf einem Berg in einer Höhle.

Jetzt bleibt es weiterhin nicht jugendfrei!

Sie erleben jetzt den ersten „Samenklau" der Geschichte!

Die ältere Tochter nämlich stiftet die jüngere zum Beischlaf mit dem eigenen Vater an.

„Unser Vater ist alt, und kein Mann mehr auf Erden, der zu uns eingehen möge nach aller Welt Weise!" Was übersetzt heißt, dass es keinen Mann mehr gab, mit dem man sich in Fortpflanzungs-aktivitäten vergnügen konnte!

Nach der Katastrophe, die Gott über Sodom hereinbrechen ließ, überlebte natürlich niemand. So hatten die Töchter Angst, dass sie nun als alte Jungfern in die Geschichte eingehen werden, war ja weit und breit kein Mann in Sicht! Bis auf das betagte Exemplar, was sie da in der Höhle hatten und mit dem sie auch noch verwandt waren.

Sie gaben ihrem Vater also Wein zu trinken – und die erste ging zu ihrem Vater hinein und legte sich zu ihm.

Nun wird es ein wenig seltsam!

Der Vater merkte nämlich nicht, dass sie sich neben ihn legte und was sie da so mit ihm anstellte!

Wohlgemerkt! Der Vater lebt nur mit seinen Töchtern da auf dem Berg und merkt nicht, dass sich jemand neben ihn legt? Und dass es ja nur eine von den Töchtern sein konnte?

Mann, war der besoffen! Allerdings kann man ja auch wirklich bezweifeln, dass da überhaupt noch etwas zustande kam mit dem Mann.

In der nächsten Nacht passiert das Gleiche wie vorher, nur mit der anderen Tochter!

Der arme Mann! Hat gar keine Ahnung, was die bösen Töchter mit ihm des Nachts so anstellen! Wer glaubt wird selig!

Nun wird es schon fast amüsant!

Beide Töchter werden nämlich schwanger. Es steht ja nirgendwo geschrieben, dass Lot blind war oder?

Was hat der eigentlich dazu gesagt, dass er der eigene Vater seiner Enkel ist?

Die Geschichte von Sodom und Gomorra ist ein Sündenfall von Anfang bis zum Ende!

Erst fängt es an mit der Verletzung der Gastfreundschaft und der Fremdenfeindlichkeit, geht dann über zur versuchten Vergewaltigung und Nötigung, dann haben wir den Mob, der das Ganze anheizt, nicht zu vergessen die ungehorsame Ehefrau, die Töchter, die ihren Vater zum Geschlechtsverkehr nötigen, und dann der Lot, der so tut, als hätte er keine Ahnung, wie das alles geschehen konnte, sich also selbst in die eigene Tasche lügt!

Und warum glaubt man, dass die Geschichte von Sodom und Gomorra der Beweis ist, dass Gott keine Homosexuellen mag?

Gott hat sicher etwas gegen Vergewaltigung, und zwar ist es egal, ob von heterosexuellen Menschen oder homosexuellen Menschen begangen! Gegen Sodomie hat er bestimmt auch etwas, dient es ja nicht dazu sich zu vermehren und für eine Ausbreitung der Christen in der Welt zu sorgen. Ungehorsam ist auch nicht gerade sehr beliebt, allerdings kann ich Lots Frau auch irgendwie verstehen! Und seinen eigenen Vater unter Drogen zu setzen, ist auch nicht in Gottes Sinne, genauso wenig wie den eigenen Vater zum Beischlaf zu bewegen. Wenn dann auch noch Lot tut, als hat er keine Ahnung, dann belügt er sich selbst, und wir wissen ja „du sollst nicht lügen".

Allerdings gehört die Geschichte von Sodom und Gomorra auch in das alte Testament, da hatten die ja noch keinen blassen Schimmer von den Zehn Geboten!

Aber das ist keine Entschuldigung!

Es ist aber bestimmt eine Geschichte, auf die viele Drehbuchautoren heute gerne in einer moderneren Fassung immer wieder gerne zurückgreifen.

Gedanken zu Paulus

Warum gerade Paulus? werden Sie fragen: Nun, Paulus an sich könnte ein eigenes Buch füllen. Aber gerade im Zusammenhang mit Sodom und Gomorra finde ich die Betrachtung Paulus' im Hinblick auf die Homosexualität interessant!

Wenn wir uns also mit Homosexualität in der Bibel auseinandersetzen, dann kommen wir nicht an Paulus vorbei. Vor allem, wenn wir uns mit den ersten Kapiteln der Römerbriefe näher befassen.

Ich versuche es Ihnen mal schnörkellos zu präsentieren:

Vielleicht kennen Sie den Spruch: „Vom Saulus zum Paulus."

Also vom absoluten Gegner einer Sache zu ihrem Befürworter werden. Bevor Paulus Paulus wurde, war er Saulus. Verstehen Sie?

Saulus war ein absoluter Anhänger des Jüdischen Glaubens, und er hasste die Anhänger Jesu, wie kaum ein anderer.

„Saulus aber schnaubte noch mit Drohen und Morden wider die Jünger des Herrn und ging zum Hohepriester und bat ihn um Briefe gen Damaskus an die Schulen, auf dass, so er etliche dieses Wege fände, Männer und Weiber, er sie gebunden führte gen Jerusalem." (Apostelgeschichte 9.1-3)

Saulus steinigte Stephanus, der ein gläubiger Christ war, und löste so die Christenverfolgung in Jerusalem aus.

In der Apostelgeschichte Kapitel 8.1 steht darüber: *„Saulus aber hatte Wohlgefallen an seinem Tode."* Also ein richtig kleiner mieser Sadist!

Saulus wurde bekehrt, als er eine Erscheinung hatte.

„Und da er auf dem Wege war und nahe an Damaskus kam, umleuchtete ihn plötzlich ein Licht vom Himmel; Und er fiel auf die Erde und hörte eine Stimme, die sprach zu ihm: Saul, Saul was verfolgst du mich? Er aber sprach: Herr, wer bist du? Der Herr sprach: Ich bin Jesus, den du verfolgst. Es wird dir schwer werden gegen den Stachel zu lecken. Und er sprach mit Zittern und Zagen: Herr was willst du, dass ich tun soll? Der Herr sprach zu ihm: Stehe auf und gehe in die Stadt; Da wird man dir sagen, was du tun sollst."
(Apostelgeschichte 9.3-7)

Was das mit Homosexualität zu tun hat, wollen Sie wissen? Bis jetzt rein gar nichts!

Aber wir brauchen die Erklärung über Paulus, um uns ein Bild von seiner Persönlichkeit machen zu können.

Ein junger Mann um die Zwanzig, voller Elan, kompromisslos, wenn er von einer Sache überzeugt war. Der kannte keine Gnade!

Paulus schrieb einen Brief an die Römer, der als „Der Brief des Paulus an die Römer" in der Bibel zu finden ist! Wie originell!

Jedenfalls, wenn Sie die Zeilen des Paulus lesen, dann kann ich mir kein anderes Kapitel in der Bibel vorstellen, was so sehr mit Sexualität gefüllt ist. Das macht die Bibel fast zu einem „schweineigeligen" Buch. Allerdings ist man heute auch schon andere Kaliber gewöhnt!

„Darum hat sie Gott auch dahingegeben in schändliche Lüste; Denn ihre Weiber haben verwandelt den natürlichen Brauch in den unnatürlichen; Desgleichen auch die Männer haben verlassen den natürlichen Brauch des Weibes und sind aneinander erhitzt in ihren Lüsten und haben Mann mit Mann Schande getrieben und den Lohn ihres Irrtums (wie es denn sein sollte) an sich selbst empfangen" (Roemer1.26-28)

Da geht es ganz schön zur Sache! Hätten Sie so etwas gerade in der Bibel vermutet?

(Wenn Sie Ihrer Stimme einen erotischen Touch geben und jemandem übers Telefon aus den Römerbriefen zitieren, können Sie am Ende noch schnelles Geld verdienen!)

Es scheint, dass Paulus hier kein Mitleid mit seiner eigenen Spezies hatte!

„Denn wir wissen, dass das Gesetz geistlich ist, ich bin aber fleischlich unter die Sünde verkauft. Denn ich weiß nicht was ich tue. Denn ich tue nicht, was ich will, sondern was ich hasse, das tue ich. So ich aber das tue,

was ich nicht will, so gebe ich zu, dass das Gesetz gut sei. So tue nun ich dasselbe nicht, sondern die Sünde, die in mir wohnt. Denn ich weiß, dass in mir, das ist in meinem Fleische, wohnt nichts Gutes..."
(Roemer1.7.14-19)

Oder:

„Denn ich habe Lust an Gottes Gesetz, nach dem inwendigen Menschen. Ich sehe aber ein andrer Gesetz in meinen Gliedern, dass da widerstreitet dem Gesetz in meinem Gemüte und nimmt mich gefangen in der Sünde Gesetz, welches ist in meinen Gliedern. Ich elender Mensch! Wer wird mich erlösen von dem Leibe dieses Todes?" (Römer 1.7.22-25)

Eine Übersetzung aus der Quest Study Bibel macht die Körperbezogenheit noch mal deutlich.

„For in my inner being I delight in God's law, but I see another law of sin at work in the members of my body, waging war against the law of my mind and making me a prisoner of the law of sin at work within my members." (Roemer1.7.22-24)

Man kommt nicht umhin anzunehmen, dass Paulus hier die Schwierigkeit beschreibt, Teile des eigenen Körpers, die sich nicht im Einklang mit der heiligen Schrift verhielten, unter Kontrolle zu halten.

Paulus stellt hier sehr deutlich dar, was ein Mensch erleiden muss, der so uneins mit seinem Körper ist, und keinen Weg zwischen den moralischen Prinzipien der Gesetze Gottes und dem eigenen Körper, der einem anderen Gesetz unterliegt, findet.

Selbst die Gewissheit, dass Gott den Sündern vergibt, konnte ihm selbst wohl nicht helfen; denn die Sünde, die er vermutlich fühlte, war eine, die ständig in ihm wohnte.

Ich denke, dass die Römerbriefe eine gutes Beispiel dafür sind, was ein homosexueller Christ früher wie auch heute durchleben muss, besonders wenn er versucht, nach der Ideologie einer Gesellschaft zu leben, die eher christlich-moralische Anschauungen vertritt, als rein christliche.

Paulus entwickelt gegenüber gleichgeschlechtlichen Beziehungen eine solche Abscheu – und das nur, weil er selbst mit seinem Körper haderte und glaubte, gegen ihn ankämpfen zu müssen. Diese Abneigung und dieses Unverständnis trieb ihn zu einer doch recht rigorosen Haltung in seinen Briefen. Er interpretierte Homosexualität als die Sünde, die es unmöglich macht, Gott nah zu sein.

Er hätte bestimmt weniger gelitten, wenn er sich selbst als Gottes Geschöpf angenommen hätte und seine Stärken, wie auch seine Schwächen als von Gott gewollt empfunden hätte.

Gott hat ihn als den erschaffen, der er war, aber bestimmt nicht, um ihn zu ärgern!

Ich könnte mir vage vorstellen, dass nicht alle Gläubigen oder Kirchenführer meine Interpretation über Paulus teilen. Dabei ist doch auch die sexuelle Neigung Paulus' völlig egal, angesichts der großen Dinge, die er für das Christentum leistete!

Wir sollen doch nicht über andere urteilen!

Mit der Kompromisslosigkeit und Überzeugung, die Paulus bei der Verfolgung der Christen als Saulus an den Tag legte, versuchte er als Paulus, Menschen zum Christentum zu bekehren.
Dadurch wurde er vom Verfolger zum Verfolgten.

Als Paulus versuchte, Anschluss an die Christen zu finden, waren die alles andere als erfreut. Schließlich sorgte er ja ziemlich gnadenlos dafür, dass sich ihre Zahl erheblich verringerte.

Und welche Maus glaubt schon der Katze?

Irgendwie schaffte er es dann doch, sie von seiner Kehrtwendung zu überzeugen und reiste durch die Lande, um für die Ausbreitung des Christentums zu sorgen. Und das tat er dann genauso gründlich, wie alles andere auch – keine halben Sachen!.

Paulus steht, glaube ich, für das Motto: „Ganz oder gar nicht!"

So gut Kompromisslosigkeit auch ist, lässt sie doch auch meistens keine Kritik zu.

Paulus muss ein außergewöhnlicher Mensch gewesen sein, der sehr bestimmend war, aber wohl nicht über viel Charisma verfügte. Es scheint, dass er sich alles hart erarbeiten musste.

Er soll dann in Rom in der Zeit von Neros Christenverfolgung geköpft worden sein.

Heute sind sehr viele Kirchen dem heiligen Paulus geweiht.

Darum ist das Auge der Kirchen auch mehr auf Paulus als „Ausbreiter der christlichen Religion" gerichtet, als auf die gequälte Seele, die unter der eigenen vermeintlichen Unvollkommenheit litt.

Wäre die Interpretation der Bibel mehr eine weltliche, in der man die Menschen wiedererkennt, die man täglich trifft, würde uns der Zugang vielleicht etwas leichter fallen. „Die Bibel, das Buch über Menschen für Menschen" – das wäre ein schöner Slogan!

Während in Deutschland die Akzeptanz Homosexueller gestiegen ist, darf man nicht annehmen, dass der Rest der Welt genauso denkt. In vielen Ländern ist es heute noch legal, Menschen wegen ihrer Homosexualität zu diskriminieren. Und das mit der Bibel in der Jackentasche.

„Liebe Deinen Nächsten wie dich selbst"?!

Wir sollten uns jetzt mal von der ganzen Saulus-Paulus-Problematik abwenden und uns einer anderen Person zuwenden – nämlich Jesus von Nazareth.

Was war es, was diesen Mann so außergewöhnlich machte, außer dass man von ihm sagte, er sei der Sohn Gottes!

Lassen Sie uns gemeinsam nachforschen. Wer war Jesus?

Gedanken zu Jesus von Nazareth

Bevor man sich mit Jesus beschäftigt, muss man mal ein genaueres Augenmerk auf seine Eltern werfen.

Joseph der Tischler und seine junge Frau Maria. Man kann annehmen, dass Maria wesentlich jünger war als Josef und natürlich jungfräulich in die Ehe ging.

Wenn es jetzt um die Jungfrauengeburt geht, dann kommen einem doch irgendwie berechtigte Zweifel an der Glaubwürdigkeit der Geschichte.

Warum halten die Kirchen heute bloß noch so vehement daran fest, dass Maria noch Jungfrau war, als sie Jesus empfing?

Als Mutter zweier Kinder hege ich da so meine Zweifel. Ich glaube auch kaum, dass es heute noch funktionieren würde.

Stellen Sie sich doch mal vor, Ihr Mann ist Kapitän...! (Mehr brauche ich wohl nicht zu sagen! Oder?)

Ich zweifle nicht daran, dass es Dinge gibt, die man manchmal nicht logisch erklären kann, aber geht das nicht etwas zu weit?

Vielleicht versuchte man dadurch die Person Jesu von Anfang an so außergewöhnlich zu beschreiben, dass er eben nicht von gewöhnlichen Eltern abstammte, sondern der heilige Geist ihn zeugte.

Das half den Menschen eher, die Größe Jesu zu begreifen, denn wie konnte einer, der einen weltlichen Vater und eine weltliche Mutter hatte, so ein großes Wissen über Gott erlangen?

Auch diese Frage stellt sich noch: Warum soll Maria noch Jungfrau gewesen sein? War sie doch ganz offiziell verheiratet und Josef war ja noch nicht vollkommen vergreist!

Wenn man die Zweifel an der ‚Entstehung' Jesu mal außer Acht lässt, finde ich nicht, dass es die Außergewöhnlichkeit dieses Mannes schmälert, wenn man davon ausgeht, dass er ganz normale Eltern hatte.

Die Geburt, die in einem Stall in Bethlehem stattgefunden haben sollte, wird auch nur in den Evangelien von Matthäus und Lukas beschrieben. Johannes und Markus haben nie ein Wort darüber verloren. Also die ganze Weihnachtsgeschichte findet nur in zwei Evangelien statt.

Und der Hammer ist, dass es gute Gründe zum Zweifeln gibt, dass dieses Ereignis am 24. Dezember stattfand!

Jetzt kommt unser Weltbild aber ganz schön ins Wanken, was?

Und finden Sie mal in der Region eine Tanne! Viel Glück damit!

Es könnte im April gewesen sein, aber genauso gut im Spätherbst oder Winter, da die Ernte schon eingebracht war und die Leute die Zeit hatten, an ihre jeweiligen Geburtsstätten zu reisen, um sich zählen zu lassen.

Aber, ist das denn so schlimm, wenn es nicht am 24. Dezember geschehen ist?

Ist es nicht trotzdem schön, das Jahr ausklingen zu lassen und die Geburt eines Menschen zu würdigen, der so wichtig für uns ist?

Viele Menschen sehen darin eine Bestätigung, sich von den Kirchen und der Religion abzuwenden, weil sie sich durch die Geschichten in der Bibel verschaukelt fühlen.

Ich glaube, wir sollten die Bibel mehr mit einer Apfelsine vergleichen, an deren Schale manchmal auch ein Makel ist, wenn man sie dann aber schält, findet man die unverfälschte Frucht und kann sie genießen!

Schälen müssen Sie aber selbst!

Aber zurück zu Jesus!

Wussten Sie, dass Jesus Jude war? Christen wurden später erst jene genannt die ihm folgten, also die, die sich zu seinen Lehren bekannten.

Über Jesus steht geschrieben, dass er als sehr junger Mensch schon angefangen hat, religiöse Dinge in Frage zu stellen, weil er die Antworten nicht sehr befriedigend fand.

Genau das sollten wir Menschen wieder machen, aber heute entscheiden wir uns eher dafür, aus der Kirche auszutreten als unbequeme Fragen zu stellen, die zur Beantwortung wieder andere zum Nachdenken und gegebenenfalls zum Ändern einer bestimmten Richtung zwingt.

Werfen wir die Flinte nicht einfach zu schnell ins Korn?

Jesus war also für seine Zeit ein unangenehmer junger Mensch, der den Gelehrten wohl so ziemlich auf den Pinsel ging.

Wenn man uns als „Kinder Gottes" bezeichnet, dann ist es wohl genau das, was wir tun müssen. Unangenehme Fragen stellen, damit wir diejenigen, die sich als besonders schlau bezeichnen fordern, uns befriedigende Antworten zu geben, nämlich Antworten, die es uns erleichtern, jeden Tag als Christ zu begehen und auch als solcher zu überleben!

Die Interpretation von „Gottes Kindern" wird häufig so übersetzt, dass wir aufhören sollen selbst zu denken, und stattdessen einfach blind vertrauen sollen. Aber ich denke das ist großer Blödsinn!

Nehmen wir uns hier Jesus als Beispiel, dann ist diese „Weichspüler Auffassung" wohl hinfällig! Schließlich wurde er gekreuzigt, weil er sich widersetzte und nicht weil er sich anpasste. Er kam nicht um Frieden zu bringen, sondern um die

Menschen aufzumischen – und unsere Aufgabe sollte es sein, nach Jesus' Beispiel zu leben!

Nachher hat Jesus dann wohl auch Tischler gelernt, um in die Fußstapfen seines Vaters (na ja, ‚leiblich umstrittenen Vaters') zu treten!

Sein erstes wichtiges Erscheinen hatte er, nach den Evangelien von Markus und Johannes, am Jordan, wo er sich von Johannes dem Täufer taufen ließ.

Da war er aber auch schon ungefähr dreißig Jahre alt.

Er muss ein sehr charismatischer Mann gewesen sein, denn er hatte sowohl auf Männer wie Frauen die gleiche Anziehungskraft!

Gerade wenn man bedenkt, dass er in nur drei Jahren so vielen Menschen Gott schmackhaft machen konnte und soviel Wirbel dabei machte, dass es noch heute viele schlaue Köpfe und Wissenschaftler beschäftigt, die „Gott-Frage" zu erforschen. (Ich möchte mich hier mal in ganz eitler Weise zu den schlauen Köpfen zählen, aber nur, weil ich keine Wissenschaftlerin bin!)

Jesus konnte auch auf die Fragen der Menschen ganz einfache Erklärungen finden und ihnen so verständlich machen, was Gott von ihnen erwartete. Das sahen die Schriftgelehrten gar nicht gerne, schließlich hatten sie ja lange daran gearbeitet, das einfache Volk dumm zu halten, um es übers Ohr zu hauen!

Jesus behandelte alle Menschen gleich, den Bettler genauso wie die Gelehrten. Das gefiel den Bettlern, trug aber bei den Bessergestellten nicht unbedingt zur Erheiterung bei!

Nicht nur zwischen Arm und Reich machte er keinen Unterschied, sondern auch zwischen Mann und Frau, was den Frauen gefiel, aber den Männern...?!

Vielleicht liegt hier auch die Wurzel des Übels, dass Männer doch immer wieder ins Patriarchat zurück abgleiten, wenn sie nur die Gelegenheit dazu haben. Wurden ihnen doch in der Vergangenheit die Ansätze der Emanzipations-Idee so schmerzhaft vermittelt. Und das auch noch von höchster Instanz!

Nicht genug, dass Jesus Frauen ansprach, er setzte sich auch über die Grenzen der Stände der unterschiedlichen Sippen hinweg.

Das störte Jesus alles nicht. Er behandelte alle gleich.

Natürlich machte sich Jesus durch dieses „unan-ständige" Verhalten nicht nur Freunde!

Trotzdem zogen zwölf männliche Jünger, also Anhänger, mit Jesus durch die Lande und wurden von ihm angelernt, damit sie selbstständig später auf eigene Faust den Willen Gottes verkünden konnten.

Es zogen außerdem auch mehrere Frauen mit Jesus, von denen Maria Magdalena eine besondere Stellung einnahm, war sie von allen Frauen diejenige, die Jesus am nächsten war. Fast wie eine Vertraute.

Das war ganz außergewöhnlich und wurde von einigen männlichen Anhängern auch sehr skeptisch beäugt.

Spielte ja auch ein gewisser Neid mit. Schließlich hatte „die Sünderin" Maria Magdalena Reize, die männliche Vertreter nicht zu bieten hatten.

Ich glaube zwar nicht, dass Jesus' Beziehung mit Maria Magdalena über ein freundschaftlich platonisches Verhältnis hinausging, da etwas anderes nie bewiesen wurde. Allerdings war Maria Magdalena auch als „Die Sünderin" bekannt, was den Schluss zulässt, dass sie in ihrem früheren Leben wohl niemanden von der Bettkante gestoßen hatte!

Aber nichts Genaues weiß man nicht! Und wenn? Wäre auch nicht so schlimm! Oder?

Während seiner „Schaffenszeit" war er auch nicht müde, einige Wunder zu vollbringen, wie das Laufen auf Wasser oder die Wiedererweckung von den Toten zu den Lebenden, siehe Lazarus!

Und natürlich heilte er auch viele Krankheiten und Gebrechen. Das Erstaunliche ist wohl nicht nur, dass er dies tat, sondern auch wie. Er verabreichte keine Pillen oder stellte Rezepte aus, nein, er legte seine Hand auf oder sagte so Sachen wie „Stehe auf!" zu einem Lahmen.

Stellen Sie sich mal die Arztpraxis eines solchen Arztes heute vor!

Die Pharmaindustrie würde auf die Barrikaden gehen, wenn ihre Stellvertreter (Ich wollte das Wort „Handlanger" vermeiden!) nicht mehr ihre vermischten Pillen unter das Volk bringen könnten!

Natürlich staunten auch seine Jünger nicht schlecht, hatten sie selber ja noch nie so eine Reihe von Attraktionen vorher gesehen. Kein Wunder, dass sie immer überzeugter wurden, dass es sich bei Jesus von Nazareth nicht um einen gewöhnlichen Mann von der Straße handelte.

Die Technik des Handauflegens kennt man heute unter dem Namen „Reiki" und sie hat ihre Wurzeln in Japan, wo sie auch in Kliniken Anwendung findet.

Nur um Zweifeln vorzubeugen, dass das alles Märchen sind. Für das Wasser-Lauf-Wunder habe ich allerdings keine Erklärung!

Aber selbst, wenn es so, wie wir es heute verstehen, nicht passiert ist – wäre es wirklich nicht immer noch ein Wunder, dass ein Mann, der nur ca. drei Jahre missionarisch gearbeitet hat, soviel in den Köpfen bewegt hat?

Ich finde es schon faszinierend!

In meiner beruflichen Laufbahn habe ich nicht einmal einen Einzelnen so bewegt, dass es in mehrere Generationen getragen würde, geschweige denn ein Buch darüber verfasst werden würde.

Und denken Sie mal selber daran. Wenn Sie ein hohes Tier sind, sozusagen ein erfolgreicher Geschäftsmann, was bleibt von Ihnen der Nachwelt noch erhalten?

Jesus war ein besonderer Mensch. Er war Mensch, weil er gefühlt hat wie ein Mensch. Schmerz, Leid, Angst – alles kannte er.

Auch ziemlich sauer konnte er werden. Als sich z. B. Händler im Tempel breit machten und ihre Waren anboten. Er schubste ihre Tische um und jagte sie aus dem Tempel.

Warum versucht uns die Kirche immer noch den sanftmütigen, etwas verkitschten Jesus anzudrehen?

Im Thomasevangelium sagt Jesus: „Vielleicht denken die Menschen, dass ich gekommen bin, um Frieden auf die Welt zu bringen. Und sie wissen nicht, dass ich gekommen bin, Uneinigkeiten auf die Welt zu bringen, Feuer, Schwert, Krieg. Denn es werden fünf in einem Haus sein: drei werden gegen zwei und zwei werden gegen drei sein, der Vater gegen den Sohn, der Sohn gegen den Vater, und sie werden als einzelne dastehen."

Das hat er dann auch gründlich erledigt! Religionsstreitigkeiten in der eigenen Familie und auch auf der Welt. Mission accomplished!

Sein Ende war dann auch sehr grausam.

Angefangen vom Verrat eines seiner Vertrauten, Judas, der dafür ein paar Kröten von den Römern bekam, sich nachher aber selber umbrachte, war die Schuld am Ende doch zu groß, um sie zu tragen, bis hin zur Kreuzigung, die wohl eine der schlimmsten Arten des Sterbens ist, die man sich vorstellen kann.

Das Schlimme ist eigentlich, dass Jesus immer über sein Schicksal Bescheid wusste. Und obwohl er wusste, dass ihn der Tod erwartete, ging er unbeirrt weiter auf seinem Weg.

Er hätte ja auch sagen können: „Jetzt reicht's!" und wäre verschwunden, vielleicht über das Wasser!

Glauben Sie, dass es heute die christliche Religion gäbe, hätte Jesus damals das Handtuch geworfen?

Durch seinen Tod hat er das Fundament für unsere christliche Kultur geschaffen.

Pontius Pilatus war gar nicht so daran interessiert, Jesus zu kreuzigen!

Er ließ das Volk wählen – zwischen dem kriminellen Barabas und Jesus.

Unglücklicherweise traf es dann Jesus! Dumm gelaufen!

Die Römer im Allgemeinen waren gar nicht so an Jesus interessiert, machte er ihnen doch keine Ungelegenheiten. Er tat nichts, was die Macht und den Einfluss der Römischen Regierung in irgendeiner Weise beeinträchtigt hätte.

Diese miesen hinterlistigen Pharisäer versuchten ja ständig Jesus aufs Glatteis zu führen, um zu beweisen, dass er nur ein ganz einfacher Scharlatan war und nicht mit Gott verwandt!

So stellten sie ihm die Frage, ob es richtig ist Steuern zu zahlen oder nicht, in froher Erwartung, dass Jesus eine Antwort gab, die ihn in Schwierigkeiten mit den Römern bringen konnte. Ich finde, diese Pharisäer haben etwas von der Schlange aus dem Paradies an sich! Finden Sie nicht auch?

„Ist's recht, dass man dem Kaiser Zins gebe, oder nicht? Sollen wir ihn geben oder nicht geben? Er aber merkte ihre Heuchelei und sprach zu ihnen: Was versuchet ihr mich? Bringt mir einen Groschen, dass ich ihn sehe! Und sie brachten ihm. Da sprach er: Wes ist das Bild und die Überschrift? Sie sprachen zu ihm: Des Kaisers. Da antwortete Jesus und sprach zu ihnen: So gebet dem Kaiser was des Kaisers ist, und Gott, was Gottes ist!" (Markus 12.14-18)

Die Pharisäer und Schriftgelehrten sahen, dass immer mehr Juden sich Jesus anschlossen und sie ihre Macht über die Menschen immer mehr verloren!

Sie setzten die Römer unter Druck, dem Treiben Jesus' ein Ende zu setzen!

Und letztendlich hatten sie damit Erfolg!

Nachdem Jesus gekreuzigt wurde, wurde sein Leichnam in eine Höhle gebracht und erstmal liegen-gelassen.

Nun kommt der Teil der Geschichte, der nicht so sehr mit wissenschaftlichen Erkenntnissen belegt werden kann.

Als Maria Magdalena zum Grab kam sah sie, dass der Stein weggerollt worden und die Höhle leer war. Das erzählte sie gleich Simon und den anderen die dachten, dass irgendwelche Hallodris mit der Leiche Schindluder trieben oder die Römer den Körper einfach geklaut hatten.

Als Maria Magdalena so am Grabe dann, alleine und traurig herumhing, da steht plötzlich Jesus hinter ihr, als wäre nichts geschehen.

Maria Magdalena glaubte ihren Augen nicht! Wie auch?

Da sprach Jesus zu ihr: "Rühre mich nicht an! Denn ich bin noch nicht aufgefahren zu meinem Vater. Gehe aber hin zu meinen Brüdern und sage ihnen: Ich fahre auf zu meinem Vater und zu eurem Vater und zu meinem Gott und zu eurem Gott." (Johannes 20.17)

Das ist ja aber typisch für Jesus, dass er nicht irgendeinem von den männlichen Jüngern begegnet, sondern eine Frau damit auszeichnete, die Erste zu sein, die ihn sehen durfte!

Maria Magdalena ging also zu den anderen Jüngern und verkündete die frohe Botschaft.

Somit war sie die erste Frau, die „predigte", denn Predigt ist nichts anderes, als Verkündigung!

Schon seltsam, dass verschiedene Kirchen, die sich auf die Bibel berufen, immer noch dagegen sind, Frauen predigen zu lassen! Vielleicht sollten sie ihr Augenmerk mal mehr auf diese Passage im neuen Testament lenken, aber wahrscheinlich fehlt unglücklicherweise gerade diese Seite! Zu schade!

Die Geschichte über die Auferstehung Jesu stößt auf genauso viel wissenschaftliches Unverständnis wie die Jungfrauengeburt!

„Ein bisschen tot" gibt es genauso wenig wie „ein bisschen schwanger". Entweder du bist es oder du bist es nicht!

Jetzt gibt es natürlich viele Spekulationen darüber, ob Jesus wirklich tot war oder nur in einer Art tiefer Ohnmacht. Auch darüber, ob der Schwamm, der Jesus gereicht wurde um seine Lippen mit Wasser zu benetzen, nicht mit einem Narkotikum versetzt worden war.

Aber nichts Genaues weiß man nicht!

Es ist schon ein bisschen komisch, dass jemand der tot war, plötzlich wieder auftaucht.

Wir als aufgeklärte Menschen, die wir zur Schule geschickt wurden, um schlauer zu werden, damit man uns nicht so schnell verschaukeln kann, kommen hier mit unserem Erlernten nicht weiter. Auch Wissenschaftler stehen hier vor einem Rätsel. Oder ist es ein Interpretationsfehler?

In welchem Zustand war Jesus, nachdem er am Kreuz gestorben war?

„Am Abend, diesweil es der Rüsttag war, welcher ist der Vorsabbat, kam Joseph von Arimathia, ein ehrbarer Ratsherr, welcher auch auf das Reich Gottes wartete. Der wagte es und ging hinein zu Pilatus und bat um den Leichnam Jesu. Pilatus aber verwunderte sich, dass er schon tot war, und rief den Hauptmann und fragte ihn, ob er schon lange gestorben wäre." (Markus 15.42-45)

Warum war Pilatus erstaunt? Kann es möglich sein, dass, als Jesus vom Kreuz genommen wurde, er doch noch nicht tot war?

Kann es nicht genauso möglich gewesen sein, dass der Hauptmann ein heimlicher Christ war? Es ist bewiesen, dass sich auch unter den Römern einige zum Christentum bekannten.
Allerdings nur heimlich!

Wir können hier leider nur, wie viele andere auch, spekulieren.

Was ist es aber, was die Kreuzigung Jesu so wichtig macht? Bestimmt nicht, dass es eine blutige Angelegenheit war, und ebenso gut in einem Kriminalroman seinen Platz finden könnte. Nein, die Kreuzigung zeigt uns, wie weit ein Mensch geht, wenn er für seine Ideale, für seinen Glauben, einsteht.

Jesus war überzeugt von Gott und seiner Lehre, und er scheute sich nicht, sich dafür einer qualvollen Behandlung unterziehen zu lassen, die bis zum Tode führen kann.

Wie weit sind wir heute noch bereit, für unsere Ideale einzustehen? Sind wir nicht viel zu leicht bereit, uns in eine andere Richtung zu wenden, wenn diese mehr Erfolg verspricht?

Als Jesus Petrus sagte, dass dieser ihn bevor der Hahn dreimal kräht verraten würde, wies dieser es entschieden von sich. War er doch treu ergeben. Doch trotzdem Jesus von dieser bevorstehenden Verfehlung wusste, liebte er Petrus nicht weniger.

Vielleicht sollten wir das Osterfest begehen, indem wir das Andenken eines Mannes würdigen, der bereit war sich zu opfern, damit wir jedes Jahr überlegen können, was wir bereit sind für die Verwirklichung unserer Ideale zu tun und unsere Werte wieder in die richtige Richtung zu lenken. Das, finde ich, wäre ein guter Anlass!

Was da allerdings der eierversteckende Hase zu suchen hat, weiß der Geier!

Christen glauben heute daran, dass Jesus eines Tages wieder zu uns kommt. Die Frage die sich mir stellt ist, ob wir ihn überhaupt erkennen würden? Würden wir ihn nicht als Scharlatan abtun, und hätte er sogar nicht noch viel weniger Chancen, als früher? Sind wir doch heute viel gebildeter und kennen die Wissenschaft und ihre Forschungen!

Sind seine Lehren heute überhaupt noch anzuwenden?

Einen seiner bedeutendsten Auftritte hatte er laut Matthäusevangelium auf einem Berg – und dies wird somit als „Bergpredigt" in der Bibel vermerkt. Es umfasst immerhin ganze drei Kapitel und sollte uns doch nicht bei unseren Nachforschungen durch die Lappen gehen!

Bei Lukas predigte er vom Feld aus und die Version war auch etwas kürzer – damit hatte die „Bergpredigt" das Rennen vor der „Feldrede" gemacht!

Richard von Weizsäcker sagte einmal, dass er sich humane Politik nur mit der Bergpredigt vorstellen kann. Was macht also diese Predigt so wichtig.

Ich glaube, dass es an der Zeit ist, sich den wichtigsten Inhalten dieses Kapitels anzunähern.

Lassen Sie es uns gemeinsam Schritt für Schritt tun!

Gedanken zur Bergpredigt

Da die Überlegungen zur Bergpredigt schon ein eigenes Buch füllen könnten, habe ich hier die wesentlichen Punkte aufgeführt, die meiner Meinung nach noch einiger Übersetzung bedürfen.

‚Seligpreisungen'

„Selig sind, die da geistlich arm sind; denn das Himmelreich ist ihr"

Soll das jetzt heißen, dass ich einfach zu akzeptieren habe, dass ich nicht glaube – und dann ist das Himmelreich mein? (Sie kommen hier nicht umhin zu bemerken, dass es wieder um die leidige „Himmelsfrage" geht, die uns so vehement verfolgt!)

Wenn es so wäre, dann wäre es ja günstiger, nicht zu glauben und sich nicht so abzurackern, ein besserer Mensch zu werden, denn das Himmelreich gehört Ihnen ja sowieso schon!

So einfach ist das natürlich nicht. Wenn Sie geistlich – nicht geistig – arm sind, denn gehört ja erstmal die Erkenntnis dazu, dies zu bemerken. Und gefolgt von dem Willen, diesen Zustand verändern zu wollen.

Wenn Sie diese Bereitschaft zeigen, dann sind Sie auch bereit sich zu öffnen und Antworten zu suchen.

„Selig sind, die da Leid tragen; denn sie sollen getröstet werden"

Es ist ein schöner Gedanke. Gerade wenn es zu Krankheiten oder Verlusten im Leben kommt, braucht es schon einen gefestigten Glauben, der in dieser Zeit Halt gibt und die Hoffnungslosigkeit vertreibt.

Leid erfährt man aber auch, wenn man falsche Entscheidungen im Leben getroffen hat und man sich selbst oder auch anderen geschadet hat. Auch wenn man sich also daneben benommen hat, ist es nie zu spät zu bereuen und man darf auf Trost hoffen!

„Selig sind die Sanftmütigen, denn sie werden das Erdreich besitzen"

Heißt das jetzt, dass wenn ich nicht brutal meine Ziele verfolge, nur den Besitz auf der Erde bekomme und der Himmel für mich geschlossen ist? Wir haben ja die ganze Zeit gelernt, dass alles, was die Welt für uns bereithält, nicht so wichtig ist wie die Dinge christlicher Natur.

Was wäre denn, wenn ich durch Sanftmut und eine zusätzlichen Portion an Toleranz dazu beitrage, Grenzen zu durchbrechen und sie unnötig zu machen. Wenn ich durch meine Sanftmut eine andere Einstellung zu meinen Mitmenschen entwickle oder meinen Geist einmal kräftig durchspüle und neu positioniere?

Wir haben ja schon durch Gandhi erfahren, dass Sanftmut Gewalt brechen kann.

„Selig sind, die da hungern und dürsten nach der Gerechtigkeit; denn sie sollen satt werden"

Wenn wir über einen ausgeprägten Gerechtigkeitssinn verfügen und wegen der Ungerechtigkeiten dieser Welt langsam verzweifeln, gibt es doch noch Hoffnung für uns. Dass der Wunsch nach einer „gerechteren Welt" sozusagen gerechtfertigt ist, liest man ja jeden Tag in der Zeitung.

Menschen, die heute für mehr Gerechtigkeit eintreten, sind sehr risikobereit, kommen sie doch in manchen Ländern oft ins Gefängnis oder gar ums Leben. Leider stimmt häufig der Gerechtigkeitssinn, den wir empfinden, mit dem Rechtsverständnis der jeweiligen Regierung eines Landes nicht überein. Wenn man der Bibel Glauben schenken darf, dann unterstützt Gott unsere Hartnäckigkeit und lässt uns in eine rosigere Zukunft blicken!

„Selig sind die Barmherzigen; denn sie werden Barmherzigkeit erlangen"

Barmherzig ist ein ziemlich altmodischer Ausdruck, finden Sie nicht auch? Was könnte man stattdessen mal nehmen? Großmut? Ist barmherzig jemand, der verzeiht? Jemand, der dem anderen seine Fehler nachsieht, der nicht anklagt, sondern vergibt? Haben wir da nicht wieder die „Wangen-Geschichte"? Also bedeutet es, wer verzeiht, dem wird verziehen! Auch wenn es immer wieder erwähnt wird, es wird dadurch nicht einfacher!

„Selig sind, die reinen Herzens sind, denn sie werden Gott schauen"

Da können wir wieder auf die Kapitel „Gedanken zu Gott" zurückgreifen.

Wenn ich mich an die christlichen Regeln halte, dann werde ich sozusagen zum „Rohmodell" des Christen schlechthin und ich habe mir nichts oder fast nichts vorzuwerfen. Dann werde ich in der absoluten Reinheit Gott in mir selbst erkennen. Nicht, dass ich Gott werde, aber ich komme dem Ideal schon verdammt nah!

„Selig sind die Friedfertigen, denn sie werden Gottes Kinder heißen"

Frieden ist ein Zustand, der die Basis bietet für ein gewaltloses Miteinander. Dass Frieden der Gewalt vorzuziehen ist, haben wir bereits erfahren.

Frieden kann der Gewalt um einiges überlegen sein.

Aber warum wird man dann „Gottes Kind" genannt?

Was könnte so positiv daran sein als Kind bezeichnet zu werden? Mir fällt dazu nur die Unschuld ein. Wenn wir friedfertig sind und den Menschen mit Liebe und Verständnis begegnen anstatt mit Waffen, dann machen wir uns nicht schuldig an ihrem Unglück. Wir sind dann also unschuldig, wie die Kinder.

„Selig sind, die um Gerechtigkeit willen verfolgt werden; denn das Himmelreich ist ihr"

Eigentlich finde ich, hätte man diesen Hinweis auch gleich an die andere Gerechtigkeitsregel anhängen können.

Dass man sich nicht unbedingt großer Beliebtheit erfreut, wenn man seinem Gerechtigkeitsgefühl ungebremst nachgibt, kann man in Geschichtsbüchern nachlesen. Es gibt einem schon zu denken, dass Menschen von der Welt geehrt werden und den Friedensnobelpreis bekommen, jedoch in ihrem eigenen Land in Hausarrest sitzen oder gar im Gefängnis. Hätten sie nicht einfach sagen können: „War ja nur Spaß!", nachdem es anfing brenzlig zu werden? Können sie nicht anders, weil die Überzeugung eine Krankheit ist, gegen die man sich nicht impfen lassen kann?

Oder haben wir es hier mit einer besonderen Spezies Mensch zu tun? Diese Sorte, die unbequem und störrisch ist? Die für ihre Ideale bis zum Äußersten geht?

Ist Jesus vielleicht schon hier, und wir haben ihn noch nicht erkannt, weil weiße Kutten und Riemenlatschen aus der Mode gekommen sind?

„Selig seid ihr, wenn euch die Menschen um meinetwillen schmähen und verfolgen und reden allerlei Übles wider euch, so sie daran lügen"

Können Sie sich noch erinnern, wie es sich mit den Menschen verhält, die nie gern zugeben, dass sie an Gott glauben? Vielleicht, weil sie Angst haben verspottet zu werden oder als nicht vollwertig oder als ein bisschen naiv eingeschätzt zu werden.

Sollten Sie zu dieser Spezies gehören, machen Sie sich nichts draus. Gehen Sie einfach raus, und stehen Sie zu ihrem Glauben, denn Sie werden Glückseligkeit dadurch erfahren. Sie werden es als Erleichterung empfinden, sich nicht mehr verstecken zu müssen.
Infizieren Sie sich mit dem Virus, dem die Menschen in der voran erwähnten Regel zum Opfer gefallen sind. Treten Sie für Ihren Glauben

ein, wenn sie denn überzeugt sind. Aber gerade da liegt ja wohl der Hund begraben! Oder?

Somit wären die Seligpreisungen erstmal abgehandelt!

Es gibt aber noch einige interessante Textstellen in der Bergpredigt, die ich Ihnen gerne etwas näher bringen würde.

Im Zusammenhang mit den Gedanken zum Sechsten Gebot ist diese Erläuterung recht interessant!

„Ihr habt gehört, dass zu den Alten gesagt ist: „Du sollst nicht ehebrechen." Ich aber sage euch: Wer ein Weib ansieht, ihrer zu begehren, der hat schon mit ihr die Ehe gebrochen in seinem Herzen.

Ärgert dich aber dein rechtes Auge, so reiß es aus und wirf's von dir. Es ist dir besser, dass eins deiner Glieder verderbe, und nicht dein ganzer Leib in die Hölle geworfen werde. Ärgert dich deine rechte Hand, so haue sie ab und wirf sie von dir. Es ist dir besser, dass eins deiner Glieder verderbe, und nicht der ganze Leib in die Hölle geworfen werde." (Matthäus 5.27-31)

Das ist eine knallharte Richtlinie. Kein Zweifel also daran, dass schon ein Blick, verbunden mit zweideutigen Vorstellungen, dazu führen kann, massiv gegen Gottes Willen zu verstoßen.

An einer Verstümmelung des Körpers kann Gott dann allerdings wohl nicht gelegen sein, handelt es sich hierbei immerhin um seine Schöpfung. Diese blumige Erklärung soll doch wohl mehr zum Verständnis beitragen, dass man eben auch unter großem Verzicht nicht einfach wie eine Biene von Blüte zu Blüte hüpfen soll, sondern sein Eheversprechen ernst nehmen und nicht die Gefühle von der Windrichtung bestimmen lassen soll oder von den Hormonen!

Dieser Verzicht wird oft auch als großer körperlicher Schmerz empfunden.

Was mich allerdings wundert ist, dass es wohl auch eine Ausnahmeregelung gibt. Diese wird im zweiten Teil erwähnt, und lässt eine ganz andere Interpretation zu.

Stellen Sie sich vor, dass es um einen Mann geht, der mit einer Frau verheiratet ist, die ihn nicht liebt, und sich nicht gerade christlich verhält – dem Mann sozusagen das Leben zur Hölle macht. Könnte die Ausnahmeregelung bedeuten dass, sollte eine gescheiterte Ehe dazu beitragen, jemanden zu zerstören – man dann vielleicht diese Ehe beenden, sozusagen „abhauen" dürfte, bevor sie das ganze Leben vergiftet?

„Habt acht auf eure Almosen, dass ihr die nicht gebet vor den Leuten, dass ihr von ihnen gesehet werdet; ihr habt anders keinen Lohn bei eurem Vater im Himmel. Wenn du nun Almosen gibst, sollst du nicht lassen von dir posaunen, wie die Heuchler tun in den Schulen und auf den Gassen, auf dass sie von den Leuten gepriesen werden.

Wahrlich ich sage euch: sie haben ihren Lohn dahin.

Wenn du aber Almosen gibst, so dass deine linke Hand nicht wissen, was die rechte tut, auf dass dein Almosen verborgen sei; und dein Vater, der in das Verborgene sieht, wird dir's vergelten öffentlich." (Matthäus 6.1-5)

Das ist bestimmt für viele eine harte Nuss, die nur dann spenden, wenn sie sich auch auf den Titelseiten von Illustrierten wiederfinden. Die wahre Glückseligkeit finden wir nur, wenn wir im Stillen geben, einzig des Zweckes wegen und nicht für uns selbst.

Das ist schon einleuchtend!

Das Gleiche wird auch übers Beten gesagt. Dass man in seinem „Kämmerlein" beten soll und nicht öffentlich auf den Gassen.

Also immer schön bescheiden sein und nicht so angeben!

„Ihr sollt euch nicht Schätze sammeln auf Erden, da sie die Motten und der Rost fressen und da die Diebe nachgraben und stehlen. Sammelt euch aber Schätze im Himmelreich, da sie weder Motten noch Rost fressen und da die Diebe nicht nachgraben und stehlen. Denn wo euer Schatz ist, da ist auch euer Herz." (Matthäus 6.19-22)

Natürlich weiß jeder, was damit gemeint ist! Und ich finde, da schließt sich wieder mal der Kreis. Haben wir nicht schon bei der Beleuchtung der Zehn Gebote die Erkenntnis gewonnen, dass es sich nicht lohnt, seine Ambitionen nur auf Besitztümer zu lenken? Und hier wird ja auch noch mal sehr deutlich auf die Vergänglichkeit hingewiesen.

Vielleicht wäre es ja eine gute Idee, mal durch Ihre Schränke zu gehen und sich ganz beherzt von überflüssigen Gütern zu trennen. Es wird Sie befreien! Kann es doch nicht mehr gestohlen werden!

„Sehet die Vögel unter dem Himmel an: sie säen nicht, sie ernten nicht, sie sammeln nicht in die Scheunen, und euer himmlischer Vater nährt sie doch. Seid ihr denn nicht vielmehr denn sie?"

Also das erinnert mich ein bisschen an die Zeiten der Hippies! Einfach nur leben und sich keine Sorgen um nichts machen! Waren die damals auf dem richtigen Weg? Ich meine, viele sahen ja auch aus wie Jesus – mit Vollbart und langen Haaren. Allerdings ging es dort auch ganz munter zu, ähnlich wie damals in Sodom.

Diese Stelle in der Bergpredigt soll uns vielleicht auch darauf aufmerksam machen, dass wir nicht immer so sorgenvoll auf die Zukunft blicken und das Leben einfach mehr zulassen sollen.

Also auf den Punkt gebracht: sich nicht gegen Hochwasserschäden versichern, wenn Sie ein Haus in der Wüste haben!

„Richtet nicht, auf dass ihr nicht gerichtet werdet. Denn mit welcherlei Gericht ihr richtet, werdet ihr gerichtet werden. Was siehst du aber den Splitter in deines Bruders Auge, und wirst nicht gewahr des Balkens in deinem Auge? Oder wie darfst du sagen zu deinem Bruder: Halt, ich will dir den Splitter aus deinem Auge ziehen, -und siehe, ein Balken ist in deinem Auge?" (Matthäus 7.1-5)

Es ist Ihnen sicher auch schon so gegangen, dass Sie sich über die Fehler eines Ihrer Mitmenschen aufgeregt haben. Sei es bei der Arbeit oder im Privatleben. Wenn Sie jetzt eines dieser Ereignisse Revue passieren lassen und sich in dieser besagten Situation noch mal Ihrer eigenen Unfähigkeiten bewusst würden, dann haben Sie einen wichtigen Schritt vollzogen – nämlich den in die richtige Richtung.

Gerade haben Sie den Balken in Ihrem Auge zum Splitter minimiert.

Diese menschliche Schwäche wird auch zu gern genutzt, um generell von der eigenen Unzulänglichkeit abzulenken. „Bevor jemand merkt, dass ich keine Ahnung habe, lenke ich lieber die Aufmerksamkeit auf die Fehler meines Kollegen, dann kräht kein Hahn mehr nach mir!"

Hoffentlich distanzieren Sie sich von einem so armseligen Verhalten! Ansonsten haben Sie nichts verstanden und müssen das Buch noch mal lesen!

„ Alles nun, was ihr wollt, dass euch die Leute tun sollen, das tut ihnen auch." (Matthäus 7.12)

Das ist ein Spruch, den sollten Sie an Ihren Kühlschrank heften oder an die Innenseite Ihrer Haustür, dass Sie wissen, wie Sie sich zu verhalten haben, bevor Sie mit Ihren Mitmenschen zusammentreffen!

„ Gehet ein durch die enge Pforte. Denn die Pforte ist weit, und der Weg ist breit, der zur Verdammnis abführet; und ihrer sind viele, die darauf wandeln. Und die Pforte ist eng, und der Weg ist schmal, der zum Leben führet; und wenige sind ihrer, die ihn finden."

Wenn wir uns an alle Richtlinien, die bisher erwähnt wurden hielten, dann würden wir durch die Pforte des Lebens gehen. Dass diese Pforte eng ist, darüber brauchen wir gar nicht zu streiten. Haben wir doch schon an vielen Beispielen gesehen, wie schwer es ist diese Regeln im täglichen Leben umzusetzen. Für seine Überzeugungen einzutreten, auch wenn man Gefahr läuft, es sich mit dem Chef zu verderben oder sich selbst kritisch zu sehen – und nicht immer seinen Kollegen in die Pfanne zu hauen… und das sind nur einige wenige Beispiele.

Wir Christen müssen ständig versuchen, die Schnittstellen des biblischen Benehmens mit der brutalen Realität des Alltags in Einklang zu bringen. Zum einen wollen wir unsere Mitmenschen, die von christlichem Verhalten keine

Ahnung haben oder sich nicht trauen es zu leben, nicht vor den Kopf stoßen, zum anderen möchten wir den Regeln des christlichen Lebens folgen, ohne uns ins Abseits stellen zu lassen.

Da wird die Pforte schon zum Nadelöhr!

Nachdem wir nun also wissen, wie wir zu leben haben, sollten wir uns mal mit dem Ende beschäftigen.

Nachdem wir uns schon eingehend dem Sterben Jesu gewidmet haben, sollten wir uns dem Thema „Sterben" mal ganz ausführlich nähern. Sie wissen ja, dass wir Christen dann in den Himmel kommen, wobei wir da dann wieder mal bei unserer ungelösten „Himmel-Frage" angelangt wären.

Gedanken zum Sterben und zum Leben nach dem Tod

Dieses Kapitel bietet wieder eine schwierige Gratwanderung zwischen der Wissenschaft und dem biblischen Glauben.

Vielen Menschen macht der Gedanke ans Sterben auch Angst und sie versuchen einfach, dieses Thema so gut es geht zu vermeiden.

Wenn wir uns mit dem Sterben beschäftigen, müssen wir uns ja auch erstmal dem Anfang widmen: nämlich der Geburt oder dem Leben vor dem Leben.

Ich bin überzeugt, dass das Leben ein Geschenk ist – kann ich mich doch nicht erinnern, irgendwelche Verbindlichkeiten eingegangen zu sein oder einen Vertrag unterschrieben zu haben.

Also, was man umsonst bekommt, ist einem geschenkt!

Das Leben ist das kostbarste Geschenk, welches man bekommen kann. Man sollte es nicht vergeuden!

Und so, wie es einen Anfang gibt, muss es auch ein Ende geben. Und das Ende ist der Tod.

Es Menschen die berichten, dass sie die Wahrnehmung hatten, während einer Operation ihren Körper zu verlassen, nicht, weil sie im Zuge des Stellenabbaus in der Klinik assistieren mussten, sondern weil sie klinisch tot waren und ein helles Licht sahen, dass ihnen jede Angst nahm. Es gibt aber auch Menschen, die herumschwebten und nichts sahen.

Im Buch von Dr. Michael B. Sabom wird anhand verschiedener Berichte von Menschen, die sich in dieser Situation befanden und genau erzählen konnten, was alles mit ihnen angestellt wurde, um sie wiederzubeleben, ein eindrucksvolles Bild vermittelt.

Allerdings sind sie ja auch alle schön brav wieder in ihre Körper zurückgekehrt, sonst hätten sie ja darüber auch nicht berichten können. Aber wenn es schon eine Möglichkeit gäbe, aus seinem Körper herauszuschlüpfen wenn es denn zu Ende geht, dann mag es auch noch weiter aufwärts gehen, glauben Sie nicht auch?

Meine Mutter war dabei, als mein Großvater starb, und sie hatte den Eindruck, dass ihn, in dem Moment, als er starb, seine Seele verließ. Er war einfach nur noch ein toter Körper.

Da ich an meinem Großvater sehr hing, war es ein schöner Gedanke sich ihn vorzustellen, wie er danach noch so über allen geschwebt und sich ein Gefühl der Erleichterung und Freude in ihm breit gemacht hätte.

Ich würde mich freuen, wenn die Version mit dem Licht die richtige wäre. Die Vorstellung gefällt mir, und lässt mich daran glauben, dass nach meinem Tod noch etwas auf mich wartet und ich nicht einfach mehr bin!

Was mich allerdings auch etwas beunruhigt ist die Sache mit dem „Jüngsten Gericht". Da muss man also für alles was man in seinem Leben so verbrochen hat geradestehen – und dann wird wohl entschieden, in welche Richtung der Fahrstuhl fährt: Aufwärts oder Abwärts!

Weiterhin wäre ja noch zu klären, ob man dort auf einen Anwalt zurückgreifen kann, der einen würdig vertritt. Da weiß ich noch nicht, was mich erwartet. Also werde ich es einfach mal auf mich zukommen lassen!

Es könnte doch auch sein, dass man schon im Himmel ist, wenn man ein christliches Leben führt. Wenn man nach den Zehn Geboten lebt, dann geht es einem gut und man ist im Einklang mit sich selbst und seinen Mitmenschen. Dann hat man den Himmel auf Erden. Der Tod ist dann einfach der Zustand, dass man nicht mehr gegen weltliche Unzulänglichkeiten ankämpfen muss – also erlöst ist.

Wenn es um das Leben nach dem Tod geht, glauben einige Religionen daran, dass die Seele in einem anderen lebendigen Geschöpf wiedergeboren wird.

Interessant wäre die Frage, ob es eine Regelung gibt, in welcher Gestalt man auf die Welt zurückkommt? Wer besonders nett war kommt als Schmetterling und der böse Bube als Kellerassel auf die Welt?

Oder kommen wir als genau die Gleichen wieder? Mit den gleichen Eltern und Geschwistern? Und wir haben dann die Aufgabe, alles noch mal zu erleben, aber es gefälligst besser zu machen?

Zu dumm, dass man sich auch so gar nicht mehr daran erinnern kann, was war, bevor man auf die Welt kam!

Aber das hätte dann ja auch nichts mehr mit Glauben zu tun, sondern mit Wissen, oder?

Gedanken zur Bibel

„Warum das denn jetzt noch?" werden Sie fragen. Ganz einfach – weil es irgendwie noch fehlt.

Die Bibel ist schließlich das Buch, dass das Fundament unseres christlichen Glaubens bietet und jedem Christen geläufig sein sollte – oder zumindest die wichtigsten Passagen!

Um sich mit der Bibel und der zeitlichen Reihenfolge vertraut zu machen, können Sie im Internet nachschauen oder sich ein Sachbuch zulegen. Das ist nicht das Anliegen hier. Vielmehr möchte ich herausfinden, wie wichtig die Bibel heute noch ist und wie wir sie anwenden können – wobei ich nicht meine, einen toten Fisch darin einzuwickeln oder Ähnliches.

Wer sich die Frage der Glaubwürdigkeit der Bibel stellt, hat sicher auch schon Bücher gefunden, die die Bibel als Patienten auf dem Seziertisch Wort für Wort auseinander nehmen und wissenschaftlichen Erkenntnissen gegenüberstellen. Meistens gewinnt dann die Wissenschaft. Es kann sich die Bibel ja, narkotisiert wie sie ist, nicht recht wehren.

Allerdings gibt es auch Bücher, die die Glaubwürdigkeit der Bibel untermauern, sogar auf wissenschaftlicher Basis.

Für mich ist das wie das Glas Wasser, das entweder halb voll oder halb leer ist. Wenn man etwas bestätigt sehen will, findet man es immer. Das ist alles eine Sache der Interpretation.

Viel wichtiger ist aber doch die Frage, was die Bibel uns als aufgeklärten Menschen und Christen sagen kann, damit wir auf sie zurückgreifen können.

Natürlich ist es ein großes Manko, dass sich die Bibel nicht liest wie ein Roman und sie zudem noch in einer altmodischen Ausdrucksform geschrieben ist, die man nicht auf Anhieb versteht. Das treibt einen nicht gerade dazu an, sich vor dem Einschlafen noch mal ein bisschen um sein Seelenheil zu kümmern. Außerdem ist die Bibel ja kein zusammenhängendes Buch. Sie besteht aus vielen verschiedenen Büchern, Geschichten, Briefen und Psalmen, die sich alle mit demselben Thema beschäftigen und aus – vielleicht prak-tischen Gründen – zu einem Einband zusammengefasst wurden.

Der Zugang zur Bibel ist also gefragt!

Ein anderer Aspekt, der dem kritischen Christen zu schaffen macht, ist auch der zeitliche Ablauf der Entstehungsgeschichte der Heiligen Schrift. Ist es doch kein Tagebuch, dass parallel entstand, als es gerade geschah, sondern erst viel später, als kein „Exklusivinterview" mehr möglich war.

Verwirrend ist auch, dass die Bibel „Gottes Wort" sein soll, aber von Menschen geschrieben wurde. Sie waren sozusagen Gottes Werkzeug, als sie ihre

Zeilen niederschrieben. Wie soll man sich das vorstellen?

Aber all dem zum Trotz: Ich denke, man kann auf alle Fälle die Bibel als ein Buch würdigen, das einen langen geschichtlichen Hintergrund hat und einen guten Einblick gewährt in eine Zeit, die wir uns heute wohl kaum mehr vorstellen können. Erstaunlich ist auch, wie die einzelnen Teile als Buch letztendlich zusammenfanden. Die Evangelien im Neuen Testament zum Beispiel sollen alle in verschiedenen Regionen und Ländern entstanden sein und wurden dann im Laufe der Zeit zusammengefügt. So ist es auch nicht erstaunlich, dass es nicht so einfach herauszubekommen war, wann welches Evangelium entstand. Heute denkt man, dass das Markus Evangelium das älteste ist, gleich gefolgt von Matthäus, Lukas und Johannes.

Somit wurden in verschiedenen Regionen der Erde ziemlich identische Erzählungen über das Treiben des Jesus von Nazareth übermittelt. Und dass seine Taten noch ca. 40 bis 60 Jahre nach seinem Tod nicht an Aktualität verloren hatten, sondern einige dazu verleitete dies niederzuschreiben zeigt uns, wie außergewöhnlich dieser Mann gewesen sein muss.

Wenn man nun fragt, wie es Gottes Wort sein kann, das durch Menschenhand geschrieben wurde, kann ich nur auf die Erklärung Gandhis zurückgreifen, die im Kapitel „Erste Gedanken zu Gott" schon erwähnt wurden.

Demnach wirkt Gott als Energie in uns, und treibt uns dazu an, Dinge voranzutreiben und zu tun, von denen wir einfach wissen, dass sie richtig sind. Sozusagen ein Handeln, aus dem Bauchgefühl heraus.

Eigentlich ziemlich unspektakulär! Ich dachte früher immer, wenn Gott durch dich wirkt, strahlst du in einem weißen Licht oder so ähnlich.

Dass die Bibel aus mehreren Büchern besteht, gibt jedem auch die Möglichkeit, seinen persönlichen Favoriten herauszusuchen und sich intensiv damit zu befassen.

Wer zum Beispiel ein Glaubwürdigkeitsproblem mit der Jungfrauengeburt oder der Weihnachtsgeschichte hat, dem würde ich zum Beispiel das Markus- oder das Johannes-Evangelium ans Herz legen.

Wer mehr Wert auf diese Inhalte legt und etwas mehr Glanz und Gloria braucht, der fährt mit Matthäus oder Lukas ganz gut.

Sie sehen, es ist für jeden etwas dabei!

Wenn Sie sich dann das Buch zur Hand nehmen, wird es Ihnen trotzdem nicht leicht fallen, den Inhalt so fesselnd zu finden, dass Sie nicht mit Ihren Gedanken ganz schnell herumwandern; denn auch wenn es Gottes Wort ist, er konnte sich ja nur des Vokabulars von vor Zigtausend Jahren bedienen.

In dem schon vorab erwähnten Buch „Das Herz aller Religionen ist eins" wird auf Origenes, einen christlichen Lehrer des Dritten Jahrhunderts hingewiesen, der eine plausible Schilderung über die Interpretation und das Lesen der Heiligen Schrift abgibt. Das Lesen der Heiligen Schrift beschreibt er als einen Prozess der Vertiefung von Bewusstheit und Einsehen. Die Geschichte soll man nicht an den Buchstaben ausmachen, sondern in den Geschichten und den Personen einen „Typus" oder Symbol sehen.

Es gibt auch Beschreibungen von anderen christlichen Lehrern und Geistlichen, aber die Richtung ist immer dieselbe. Wer also das Buch aufklappt und Wort für Wort liest, der kann dem Geheimnis nicht auf die Spur kommen.

Dieses gilt übrigens nicht nur für die Bibel, sondern auch für Schriften aus anderen Religionen. Im Buddhismus genauso wie im Islam.

Wenn wir uns wieder an unseren Freund erinnern, der sich von seinem Kollegen so böse über den Tisch ziehen ließ – was würde er aus folgendem Text lesen?

„Und er sprach: Das Reich Gottes hat sich also, als wenn ein Mensch Samen aufs Land wirft und schläft und steht auf Nacht und Tag; und der Same geht auf und wächst, dass er's nicht weiß. Denn die Erde bringt von selbst zum ersten das Gras, darnach die Ähren, darnach den vollen Weizen in den Ähren." (Markus 4. 26-29)

Glauben Sie, dass die Botschaft ist, sich in Geduld zu üben, denn die Samen seines Wissens werden Früchte tragen, wenn er sich nur in Geduld übt?

Was wäre Ihre Interpretation?

Ich glaube, wer sich auf die Bibel einlässt, der hat ein hartes Stück Arbeit zu bewältigen, aber vielleicht auch später die Erkenntnis gewonnen, dass die Symbolik manchmal für das eigene Leben ganz hilfreich sein kann.

Bilanz

Ich dachte mir, dass es gut wäre, zum Schluss eine Art Bilanz zu ziehen, um eine Art Lebensregel zu finden, die wir uns zu eigen machen können, damit wir das Buch nicht umsonst gekauft und/oder gelesen, oder in meinem Fall, geschrieben haben!

- Seien Sie sich Ihrer selbst bewusst!!

- Gestatten Sie sich die Nähe zu sich selbst!

- Finden Sie zu Ruhe und Frieden!

- Seien Sie dankbar für Ihr Leben – für Vergangenheit, Gegenwart und Zukunft!

- Seien Sie sich bewusst und dankbar, was Sie besitzen!

- Wählen Sie Ihre Worte weise!

- Respektieren Sie sich und andere!

- Seien Sie tolerant und achtsam anderen gegenüber, denn andere sind genauso fehlbar, wie Sie selbst!

- Leben Sie bewusst als Teil einer Gemeinschaft!

- Seien Sie neugierig!

- Seien Sie fest in Ihrem Glauben an Gott und an sich selbst!

- Treffen Sie Entscheidungen in Liebe!

Fazit

Sollte dieses Buch Ihnen die Antworten auf Ihre Fragen nicht gegeben haben, dann ist das nicht schlimm! Das war auch gar nicht sein Zweck. Vielmehr würde es mich freuen, wenn es bei Ihnen einen „homöopathischen Effekt" ausgelöst hat.

Was ich meine? Nun, in der Homöopathie setzt man ein Mittel ein, das dazu anregt, Ihren geschundenen Körper dazu zu bringen sich selbst zu heilen, nämlich durch die Anregung, körpereigene Abwehrstoffe zu produzieren!

Eine Abwehr möchte ich bei Ihnen natürlich nicht unbedingt bezwecken – die haben Sie ja vielleicht schon – vielmehr eine Art Anregung, sich wieder mehr mit der eigenen Religion zu beschäftigen und dafür zu sorgen, dass es den Kirchen nicht zu leicht gemacht wird, sich statisch zu verhalten und viel zu unflexibel, um auf die Wünsche der verprellten Christen, Sie zum Beispiel, einzugehen.

Aber als erstes sollten Sie sich darüber klar werden, wie Sie christlichen Glauben in Ihrem Leben umsetzen möchten.

Reicht es Ihnen, am Abend mit Ihren Kindern ein Nachtgebet zu sprechen, damit ihnen Sicherheit vermittelt wird? Oder noch ein Gebet vor dem Essen, damit die Kinder zu schätzen wissen, dass es nicht selbstverständlich ist etwas Genießbares auf dem Teller vorzufinden? Und ansonsten erziehen wir unsere Kinder dann nach den weltlichen Maßstäben, damit sie sich im wahren Leben nicht die Butter vom Brot nehmen lassen, sondern zusehen, dass sie den anderen immer eine Nasenlänge voraus sind.

Eine Schulpsychologin erklärte mir unlängst, dass Eltern ihre Kinder lieber dazu erziehen andere unterzubuttern, als sie selbst zum Opfer werden zu lassen.

Ist das wirklich die Gesellschaft, in der wir leben wollen? Gibt es da noch Werte, die sich lohnen vermittelt zu werden?

Wie möchten Sie, dass sich Kirchen verändern, damit Sie wieder einen Bezug zum Leben als Christ bekommen? Sind Sie, wenn es um Ihren Glauben geht nur noch Konsument, der, wenn er schon zur Kirche gehen muss, dann aber wenigstens unterhalten werden will? Kirche als Amüsiertempel – und der Pastor als Entertainer?

Das frühe Aufstehen am Sonntag liegt natürlich auch nicht jedem! Zumal durch Arbeitszeiten am Samstag der Sonntag eigentlich der einzige Tag der Woche ist, an dem man mal mit der ganzen Familie etwas unternehmen kann. Geht man da morgens in die Kirche, ist der halbe Tag schon weg!

Überhaupt ist das Leben schon anstrengend genug! Das gilt für Menschen, die täglich im Beruf gefordert werden genauso, wie für die junge

Mutter, die sich auf dem Spielplatz beweisen muss. Denken Sie nur mal an die sogenannte Durchschlaflüge!

Glauben wir nur noch, dass die Christliche Religion ganz schön und gut ist, weil sie zu unserer Kultur gehört, aber eigentlich ist sie heute nicht mehr wichtig, weil nicht mehr zu gebrauchen?

Hat der Glaube mit dem Anspruch auf den Ausgleich von Körper, Geist und Seele das Wettrennen gegen Erfolg, Ruhm und Reichtum verloren?

Trotz alledem gibt es die Suche der Menschen nach einer Form des christlichen Friedens und der Besinnung. Klöster werden heutzutage immer mehr zu Orten des „Wellness-Urlaubs"!

Einen richtigen Bildungsurlaub zu sich selbst können Sie dort buchen. Häufig sind es auch Manager, die dort ihre seelische Balance wiederfinden wollen, um dann erneut in ihr pulsierendes Leben einzutauchen und sich der weltlichen Tretmühle zu überantworten.

Mutieren wir in unserem Leben immer mehr zu einer Art von Extremsportlern, die bis an die Belastungsgrenze der Herausforderungen des Lebens gehen und sich dann einen Extremausflug in den christlichen Glauben gönnen, um wieder einen klaren Blick für die wirklich wichtigen Dinge im Leben zu gewinnen? Und dann lassen wir uns wieder an die Belastungsgrenzen treiben für den nächsten Klosteraufenthalt?

Warum ist es so schwierig, einen gleichbleibenden Level an christlichem Glauben zu praktizieren und unser tägliches Leben unter diesen Einfluss zu stellen? Warum scheint die Schwelle zum Eingang der Kirchen schier unüberwindlich?

Die Rituale, die sich die Kirchen über Jahrhunderte geschaffen haben, erleichtern es uns auch nicht gerade, uns dort wohl zu fühlen, weil sie mehr Distanz als Nähe schaffen. Ich frage mich häufig, warum Pastorinnen und Pastoren immer noch einen Talar tragen. Ganz zu schweigen von der pompösen Mode der Katholischen Kirche und des Vatikans. Für mich schafft so etwas Distanz.

Jesus predigte immer in seiner Alltagskluft – und seine Worte hatten nicht weniger Gewicht.

Vielleicht sehen sich die Kirchen heute mehr in dem Bestreben, ihre eigene Tradition aufrecht-zuerhalten als der Aufgabe verpflichtet, durch die Erklärung Gottes die Menschen zu erreichen. Versteckt sich die Kirche hinter ihrer Tradition, um sich nicht verändern zu müssen?

Tradition hat aber nicht nur Nachteile; gibt sie doch auch Halt durch Beständigkeit. Für Menschen die heute regelmäßig die Kirche besuchen, ist das ein wichtiger Grund.

Vielleicht fehlt es uns hier ein wenig vom Kampf-
geist Jesu, der so sehr für Reformen gekämpft hat.
Oder sind wir einfach zu bequem und setzen uns
heute lieber nur für Dinge ein, die weltlich
orientiert sind, weil diese uns wichtiger sind und
messbarer?

Es fällt ja schon schwer genug durch die Kirchen
eine Beziehung zu Jesus und zu Gott zu finden.
Aber wenn die Interpretation der Bibel als „Das
Wort Gottes" – wenn auch von Menschenhand
geschrieben – dann noch versagt, was bleibt dann
noch?

Auffällig ist auch, dass es unzählige Bücher gibt,
die sich mit der Suche nach dem Glauben in
heutiger Zeit beschäftigen. Ist es nicht traurig, dass
man eher dazu neigt einen Buchladen aufzu-
suchen, als in die Kirche zu gehen und mit dem
Pastor zu sprechen.

Menschen, die sich nach Religion sehnen,
versuchen einen Weg zwischen Wissenschaft und
Glauben zu finden. Sie möchten als Gläubige ernst
genommen werden.

Liegt nicht die Zukunft unserer christlichen Religion in einer Art „christlichem Humanismus", also
einer Richtung, die den Glauben an Gott lebt, aber
aus einer bodenständigen, weltlichen Perspektive
heraus?

Jesus reformierte den Glauben und Luther tat es
rund 1500 Jahre später. Wenn wir noch mal 1500

Jahre warten sollen, dann wird es sicher nichts mehr geben, was zu reformieren ist.

Die Evangelische Kirche wird zu unzähligen Glaubensgemeinschaften verwässert sein, die alle so vor sich herplätschern – und die Katholische Kirche wird das Durchschnittsalter ihrer Gemeinden auf stattliche 94 Jahre anheben können.

Im Buch von Franz Alt fand ich einen Spruch aus dem Thomas-Evangelium, der da lautet: „Wer Gott sucht, darf nie aufhören zu suchen. Wenn er findet, wird er verwirrt sein. Nachdem er verwirrt ist, wird er staunen."

Eine Suche nach Gott im Leben lohnt sich demnach immer. Sie sollten nicht aufgeben, nur weil Ihnen bis jetzt noch niemand eine befriedigende Antwort geben konnte.

Fangen Sie an und senken in Ihrer Gemeinde den Altersdurchschnitt von 75 auf 58 Jahre!

Versuchen Sie die starren eingefahrenen Rituale durch solche zu ersetzen, die jeder Mensch verstehen kann und die ihn einladen, am Gottesdienst teilzunehmen und ihn mitzugestalten – solche die abschrecken, brauchen wir nicht!

Helfen Sie den Kirchen zu erkennen, dass die "Schäfchen" inzwischen gebildeter sind und andere Ansprüche an Erklärungen haben.

Seien Sie hartnäckig, seien Sie unbequem, seien Sie revolutionär, seien Sie wie Jesus!

„Glaube denen, die die Wahrheit suchen, und zweifle an denen, die sie gefunden haben."

(Andree Gide)

LITERATURHINWEISE

Alt, Franz: „Jesus – der erste neue Mann" , Piper GmbH & Co.KG, München 1989

Dalai Lama: „Das Herz aller Religionen ist eins; Die Lehre Jesu aus buddhistischer Sicht", Goldmann Verlag, München 1999

Franckh, Pierre: „Erfolgreich wünschen", KOHA-Verlag GmbH, Burgrain, 2007

Gandhi, Mahatma: „Mein Weg zu Gott", Phänomen-Verlag, Neuenkirchen, 2004

Luther, Martin: „Die Bibel"

Roman, Jo: „Freiwillig aus dem Leben" , Fischer Verlag GmbH, Frankfurt a.M., 1983

Sabom, Dr. Michael B.: „Erinnerungen an den Tod",Goldmann Verlag,

„Quest Study Bible"

www.tredition.de

Über tredition

Der tredition Verlag wurde 2006 in Hamburg gegründet. Seitdem hat tredition Hunderte von Büchern veröffentlicht. Autoren können in wenigen leichten Schritten print-Books, e-Books und audio-Books publizieren. Der Verlag hat das Ziel, die beste und fairste Veröffentlichungsmöglichkeit für Autoren zu bieten.

tredition wurde mit der Erkenntnis gegründet, dass nur etwa jedes 200. bei Verlagen eingereichte Manuskript veröffentlicht wird. Dabei hat jedes Buch seinen Markt, also seine Leser. tredition sorgt dafür, dass für jedes Buch die Leserschaft auch erreicht wird

Autoren können das einzigartige Literatur-Netzwerk von tredition nutzen. Hier bieten zahlreiche Literatur-Partner (das sind Lektoren, Übersetzer, Hörbuchsprecher und Illustratoren) ihre Dienstleistung an, um Manuskripte zu verbessern oder die Vielfalt zu erhöhen. Autoren vereinbaren unabhängig von tredition mit Literatur-Partnern die Konditionen ihrer Zusammenarbeit und können gemeinsam am Erfolg des Buches partizipieren.

Das gesamte Verlagsprogramm von tredition ist bei allen stationären Buchhandlungen und Online-Buchhändlern wie z. B. Amazon erhältlich. e-Books stehen bei den führenden Online-Portalen (z. B. iBookstore von Apple) zum Verkauf.

Seit 2009 bietet tredition sein Verlagskonzept auch als sogenanntes "White-Label" an. Das bedeutet, dass andere Personen oder Institutionen risikofrei und unkompliziert selbst zum Herausgeber von Büchern und Buchreihen unter eigener Marke werden können.

Mittlerweile zählen zahlreiche renommierte Unternehmen, Zeitschriften-, Zeitungs- und Buchverlage, Universitäten, Forschungseinrichtungen, Unternehmensberatungen zu den Kunden von tredition. Unter www.tredition-corporate.de bietet tredition vielfältige weitere Verlagsleistungen speziell für Geschäftskunden an.

tredition wurde mit mehreren Innovationspreisen ausgezeichnet, u. a. Webfuture Award und Innovationspreis der Buch-Digitale.

tredition ist Mitglied im Börsenverein des Deutschen Buchhandels.

Zeitfracht Medien GmbH
Ferdinand-Jühlke-Straße 7
99095 Erfurt, Deutschland
produktsicherheit@kolibri360.de